MINU VÄIKE KOOGI TIN KOKKARAAMAT

Minikookidest maitsvate tortideni – avastage 100 ahvatlevat maiuspala otse ahjust

Galina Põder

Autoriõigus materjal ©2024

Kõik õigused kaitstud

Ühtegi selle raamatu osa ei tohi mingil kujul ega vahenditega kasutada ega edastada ilma kirjastaja ja autoriõiguse omaniku nõuetekohase kirjaliku nõusolekuta, välja arvatud ülevaates kasutatud lühikesed tsitaadid. Seda raamatut ei tohiks pidada meditsiiniliste, juriidiliste või muude professionaalsete nõuannete asendajaks.

SISUKORD

- SISUKORD 3
- SISSEJUHATUS 6
- MINILEITAD 7
  - 1. Mini sidruni-mooniseemnepätsid 8
  - 2. Mini banaanipähklisaiad 10
  - 3. Minišokolaadist suvikõrvitsaleivad 12
  - 4. Väikesed õuna-kaneelipätsid 14
  - 5. Mini porgandikoogipätsid 16
  - 6. Minikõrvitsapätsid 18
- MINIPIRUKAD 20
  - 7. Mini õunakoogid 21
  - 8. Minikõrvitsapirukad 23
  - 9. Mini kirsipirukad 25
  - 10. Mini mustikapirukad 27
  - 11. Mini Key laimi pirukad 29
  - 12. Mini šokolaadi-koorepirukad 31
- MINIKOOGID 33
  - 13. Mini Victoria käsnkook 34
  - 14. Mini sidrunikook 36
  - 15. Mini Šokolaad Éclairs 38
  - 16. Mini kohvi-pähkli kook 40
  - 17. Mini pärastlõunatee koogid 42
  - 18. Mini porgandikoogi hammustused 45
  - 19. Mini Punane sametkoogid 47
  - 20. Kreem Puffs ja Éclairs Helisema Kook 49
- MINI TARTS 51
  - 21. Mini segatud marjatordid 52
  - 22. Minišokolaadi-maapähklivõitordid 54
  - 23. Mini puuviljatordid 56
  - 24. Mini sidruni tartletid 58
  - 25. Mini šokolaadiga Ganache tartletid 60
  - 26. Mini Vaarika mandli tartletid 62
  - 27. Mini soolased Quiche Lorraine tartletid 65
- KOOGI POPSID JA PALLID 68
  - 28. Funfetti konfetti koogipopsid 69
  - 29. Klassikalised vaniljekoogid 72
  - 30. Šokolaad Fudge koogipallid 75
  - 31. Sidruni vaarika koogipopsid 78

32. Punane samettoorjuustukoogi pallid 81
33. Küpsised ja koorekoogid 84
34. Soolakaramelli koogipallid 87
35. Maasika-juustukoogi tordipallid 90

MINIVÕLEIVAD 93

36. Mini Caprese võileivad 94
37. Mini-kanasalati võileivad 96
38. Mini kalkuni- ja jõhvikavõileivad 98
39. Mini singi-juustu liugurid 100
40. Mini Köögiviljaklubi võileivad 102

KÜPSISED 104

41. Khelisemali ja karamelli küpsised 105
42. Kanep Buckeye küpsis 107
43. K ake Mix Sandwich küpsised 109
44. Granola ja šokolaadi küpsised 111
45. Koogikarbi suhkruküpsised 113
46. Saksa koogikarbi küpsised 115

KREEMPUHVID 117

47. Kokteilikreemid 118
48. Vaarikakreemiga puhmad 120
49. Sarapuupähkli- ja röstitud vahukommikreemiga pahvakad 122
50. Maasikakreemi puhmad 126
51. Sidrunikohupiimakreemi puhmad 129
52. Sarapuupähklipralineekreemiga puhmad 131
53. Mustikakreemi puhmad 133
54. Kookospähkli koorega pahvid 135
55. Espressokastme koorepuffs 137
56. Chai kreemjas pahvid 140
57. Mandlikreemi puhmad 143

ECLAIRS 145

58. Mini šokolaadi ekleerid 146
59. Küpsised ja koor Éclairs 149
60. Šokolaadi sarapuupähkli Éclairs 152
61. Oranž Éclairs 155
62. Passion Fruit Éclairs 158
63. Täisterast puuviljased Éclairs 161
64. Passion Fruit & Raspberry Éclairs 164
65. Cappuccino Éclairs 168
66. Pistaatsia sidruni Éclairs 170
67. vahtraglasuuritud Éclairs 175

CRASSANTID 178

68. Mini mandli sarvesaiad 179
69. Roosa roosi ja pistaatsiapähklitega kastetud sarvesaiad 181

70. Lavendli mee sarvesaiad 185
71. Roosi kroonlehtedega sarvesaiad 187
72. Apelsiniõielised sarvesaiad 189
73. Hibiski sarvesaiad 191
74. Mustika sarvesaiad 193
75. Vaarika sarvesaiad 195
76. Virsiku sarvesaiad 197
77. Segamarja-sarvesaiad 199
78. Jõhvika ja apelsini sarvesaiad 201
79. Ananassi sarvesaiad 203
80. Ploomi sarvesaiad 205
81. Banaani Eclair sarvesaiad 207

KOKKID JA MUFFINID 209
82. Sidrun y Koogisegu tassikoogid 210
83. Šokolaadikaramelli koogikesi 212
84. Mudapiruka koogikesi 214
85. Kake Mix Kõrvits Muffins 216
86. Kake Mix Pralinee koogikesi 218
87. Piña Colada ja koogikesi 220
88. Kirss Cola minikoogid 222
89. Punane sametCupkooks 224
90. Õunapiruka koogikesi 226
91. Tugev Hiire koogikesi 228

BARID JA RUUDUD 230
92. Malepulgad 231
93. Vaarika- ja šokolaaditahvlid 233
94. KookMix Kirss Bats 235
95. Šokolaadikihiline kook 237
96. Potlucki baarid 239
97. P ä r i sõrm küpsisebatoonid 241
98. Koogikarp B ars 243
99. Infundeeritud maapähklivõi Ruudud 245
100. Karamelli pähklibatoonid 247

KOKKUVÕTE 249

SISSEJUHATUS

Astuge magusasse ja mõnusasse küpsetamise maailma, kasutades "Minu väikese koogivormi kokaraamat: minikookidest maitsvate tortideni, avastage 100 ahvatlevat maiuspala otse ahjust". Küpsetamine ei ole ainult kokakunst; see on maagiline teekond, mis on täis soojust, aroomi ja veetleva naudingu lubadust. Selles kokaraamatus kutsume teid asuma maitsekale seiklusele, uurides 100 vastupandamatut maiuspala, mis kõik on teie usaldusväärses koogivormis täiuslikult küpsetatud.

Alates dekadentlikest minikookidest, mida kaunistavad härmatise keerised, kuni elegantsete tortideni, mis pakatavad hooajalistest puuviljadest – kõik selle kokaraamatu retseptid on loodud selleks, et sütitada teie küpsetamiskirge ja rahuldada magusaisu. Olenemata sellest, kas olete kogenud pagar või algaja entusiast, leiate neilt lehtedelt inspiratsiooni, juhiseid ja rõõmu. Selgete juhiste, kasulike näpunäidete ja vapustava fotograafia abil tunnete end kulinaarse õndsuseni vahustades, voltides ja küpsetades enesekindlalt.

Tagasihoidlik koogivorm on meie kulinaarse loomingu lõuendiks, pakkudes lõputult võimalusi katsetamiseks ja loovuseks. Ükskõik, kas küpsetate mõne erilise sündmuse, hubase koosviibimise või lihtsalt magusaisu nautimiseks, leidub maiustusi igale maitsele ja igale hetkele. Niisiis, soojendage oma ahi, koguge koostisosad kokku ja sukeldugem lummavasse küpsetamise maailma, juhendades "Minu väike koogivormi kokaraamat".

MINILEITAD

1.Mini sidruni-mooniseemnepätsid

KOOSTISOSAD:
- 1 tass universaalset jahu
- 1/2 tl küpsetuspulbrit
- 1/4 tl söögisoodat
- 1/4 teelusikatäit soola
- 1 spl mooniseemneid
- 1/2 tassi soolamata võid, pehmendatud
- 3/4 tassi granuleeritud suhkrut
- 2 suurt muna
- 1 spl sidrunikoort
- 1/4 tassi värsket sidrunimahla
- 1/4 tassi petipiima
- 1/2 tl vaniljeekstrakti

JUHISED:
a) Kuumuta ahi temperatuurini 350 °F (175 °C). Määri ja jahu minisaiavormid.
b) Sega keskmises kausis jahu, küpsetuspulber, sooda, sool ja mooniseemned.
c) Vahusta või ja granuleeritud suhkur suures kausis heledaks ja kohevaks vahuks.
d) Klopi ükshaaval sisse munad, seejärel sega hulka sidrunikoor, sidrunimahl, pett ja vaniljeekstrakt.
e) Lisage kuivained järk-järgult märgadele koostisosadele, segades, kuni need on lihtsalt segunenud.
f) Jaga taigen ühtlaselt ettevalmistatud minisaiavormide vahel.
g) Küpseta eelkuumutatud ahjus 20-25 minutit või kuni keskele torgatud hambaork tuleb puhtana välja.
h) Laske pätsidel 10 minutit pannil jahtuda, seejärel tõsta need restile täielikult jahtuma.

2.Mini banaanipähklisaiad

KOOSTISOSAD:
- 1 1/2 tassi universaalset jahu
- 1 tl söögisoodat
- 1/4 teelusikatäit soola
- 1/2 tassi soolamata võid, pehmendatud
- 1/2 tassi granuleeritud suhkrut
- 2 suurt muna
- 1 tl vaniljeekstrakti
- 3 küpset banaani, purustatud
- 1/2 tassi hakitud kreeka pähkleid või pekanipähklit

JUHISED:
a) Kuumuta ahi temperatuurini 350 °F (175 °C). Määri ja jahu minisaiavormid.
b) Sega keskmises kausis omavahel jahu, sooda ja sool.
c) Vahusta või ja granuleeritud suhkur suures kausis heledaks ja kohevaks vahuks.
d) Klopi ükshaaval sisse munad, seejärel sega juurde vanilliekstrakt ja püreestatud banaanid.
e) Lisage kuivained järk-järgult märgadele koostisosadele, segades, kuni need on lihtsalt segunenud.
f) Murra sisse hakitud pähklid.
g) Jaga taigen ühtlaselt ettevalmistatud minisaiavormide vahel.
h) Küpseta eelkuumutatud ahjus 25-30 minutit või kuni keskele torgatud hambaork tuleb puhtana välja.
i) Laske pätsidel 10 minutit pannil jahtuda, seejärel tõsta need restile täielikult jahtuma.

3.Minišokolaadist suvikõrvitsaleivad

KOOSTISOSAD:
- 1 tass universaalset jahu
- 1/4 tassi magustamata kakaopulbrit
- 1/2 tl söögisoodat
- 1/4 tl küpsetuspulbrit
- 1/4 teelusikatäit soola
- 1/2 tassi granuleeritud suhkrut
- 1/4 tassi pruuni suhkrut
- 1/4 tassi taimeõli
- 1 suur muna
- 1 tl vaniljeekstrakti
- 1 tass riivitud suvikõrvitsat, pressitud liigse niiskuse eemaldamiseks
- 1/2 tassi poolmagusaid šokolaaditükke

JUHISED:
a) Kuumuta ahi temperatuurini 350 °F (175 °C). Määri ja jahu minisaiavormid.
b) Sega keskmises kausis jahu, kakaopulber, sooda, küpsetuspulber ja sool.
c) Vahusta suures kausis granuleeritud suhkur, pruun suhkur, taimeõli, muna ja vaniljeekstrakt, kuni need on hästi segunenud.
d) Lisage kuivained järk-järgult märgadele koostisosadele, segades, kuni need on lihtsalt segunenud.
e) Voldi sisse riivitud suvikõrvits ja šokolaadilaastud.
f) Jaga taigen ühtlaselt ettevalmistatud minisaiavormide vahel.
g) Küpseta eelkuumutatud ahjus 25-30 minutit või kuni keskele torgatud hambaork tuleb puhtana välja.
h) Laske pätsidel 10 minutit pannil jahtuda, seejärel tõsta need restile täielikult jahtuma.

4. Väikesed õuna-kaneelipätsid

KOOSTISOSAD:
- 1 tass universaalset jahu
- 1/2 tl küpsetuspulbrit
- 1/4 tl söögisoodat
- 1/4 teelusikatäit soola
- 1 tl jahvatatud kaneeli
- 1/4 tassi soolata võid, sulatatud
- 1/2 tassi pakitud pruuni suhkrut
- 1 suur muna
- 1/2 tassi magustamata õunakastet
- 1/2 tl vaniljeekstrakti
- 1/2 tassi kuubikuteks lõigatud õunu (kooritud ja südamik)
- Valikuline: hakitud pähklid või rosinad

JUHISED:
a) Kuumuta ahi temperatuurini 350 °F (175 °C). Määri ja jahu minisaiavormid.
b) Sega keskmises kausis omavahel jahu, küpsetuspulber, sooda, sool ja jahvatatud kaneel.
c) Vahusta suures kausis sulatatud või ja fariinsuhkur ühtlaseks massiks. Lisa muna, õunakaste ja vaniljeekstrakt ning vahusta ühtlaseks.
d) Lisage kuivained järk-järgult märgadele koostisosadele, segades, kuni need on lihtsalt segunenud.
e) Murra sisse tükeldatud õunad ja soovi korral hakitud pähklid või rosinad.
f) Jaga taigen ühtlaselt ettevalmistatud minisaiavormide vahel.
g) Küpseta eelkuumutatud ahjus 20-25 minutit või kuni keskele torgatud hambaork tuleb puhtana välja.
h) Laske pätsidel 10 minutit pannil jahtuda, seejärel tõsta need restile täielikult jahtuma.

5.Mini porgandikoogipätsid

KOOSTISOSAD:
- 1 tass universaalset jahu
- 1/2 tl küpsetuspulbrit
- 1/2 tl söögisoodat
- 1/4 teelusikatäit soola
- 1 tl jahvatatud kaneeli
- 1/2 tassi granuleeritud suhkrut
- 1/4 tassi taimeõli
- 1 suur muna
- 1/2 tl vaniljeekstrakti
- 1 tass peeneks riivitud porgandit
- 1/4 tassi purustatud ananassi, nõrutatud
- 1/4 tassi hakitud pähkleid (kreeka pähklid või pekanipähklid)
- Toorjuustu glasuur (valikuline)

JUHISED:
a) Kuumuta ahi temperatuurini 350 °F (175 °C). Määri ja jahu minisaiavormid.
b) Sega keskmises kausis omavahel jahu, küpsetuspulber, sooda, sool ja jahvatatud kaneel.
c) Vahusta suures kausis granuleeritud suhkur, taimeõli, muna ja vaniljeekstrakt, kuni need on hästi segunenud.
d) Lisage kuivained järk-järgult märgadele koostisosadele, segades, kuni need on lihtsalt segunenud.
e) Murra sisse riivitud porgand, purustatud ananass ja hakitud pähklid.
f) Jaga taigen ühtlaselt ettevalmistatud minisaiavormide vahel.
g) Küpseta eelkuumutatud ahjus 20-25 minutit või kuni keskele torgatud hambaork tuleb puhtana välja.
h) Laske pätsidel 10 minutit pannil jahtuda, seejärel tõsta need restile täielikult jahtuma.
i) Soovi korral külma jahtunud pätsid enne serveerimist toorjuustukreemiga.

6.Minikõrvitsapätsid

KOOSTISOSAD:
- 1 1/2 tassi universaalset jahu
- 1 tl küpsetuspulbrit
- 1/2 tl söögisoodat
- 1/4 teelusikatäit soola
- 1 tl jahvatatud kaneeli
- 1/2 tl jahvatatud ingverit
- 1/4 tl jahvatatud muskaatpähklit
- 1/4 tl jahvatatud nelki
- 1/4 tassi soolata võid, sulatatud
- 1/2 tassi pakitud pruuni suhkrut
- 1/2 tassi konserveeritud kõrvitsapüreed
- 1/4 tassi piima
- 1 suur muna
- 1 tl vaniljeekstrakti

JUHISED:
a) Kuumuta ahi temperatuurini 350 °F (175 °C). Määri ja jahu minisaiavormid.
b) Sega keskmises kausis omavahel jahu, küpsetuspulber, sooda, sool ja vürtsid (kaneel, ingver, muskaatpähkel, nelk).
c) Vahusta suures kausis sulatatud või ja fariinsuhkur ühtlaseks massiks. Lisage kõrvitsapüree, piim, muna ja vaniljeekstrakt ning vahustage, kuni see on hästi segunenud.
d) Lisage kuivained järk-järgult märgadele koostisosadele, segades, kuni need on lihtsalt segunenud.
e) Jaga taigen ühtlaselt ettevalmistatud minisaiavormide vahel.
f) Küpseta eelkuumutatud ahjus 20-25 minutit või kuni keskele torgatud hambaork tuleb puhtana välja.
g) Laske pätsidel 10 minutit pannil jahtuda, seejärel tõsta need restile täielikult jahtuma.

MINIPIRUKAD

7.Mini õunakoogid

KOOSTISOSAD:
- 2 keskmist õuna, kooritud, puhastatud südamikust ja tükeldatud
- 2 supilusikatäit granuleeritud suhkrut
- 1 spl universaalset jahu
- 1/2 tl jahvatatud kaneeli
- 1/4 tl jahvatatud muskaatpähklit
- 1 spl sidrunimahla
- Poest ostetud või isetehtud pirukakoore tainas
- Munapesu (1 muna 1 sl veega lahtiklopitud)
- Jäme suhkur puistamiseks (valikuline)

JUHISED:
a) Kuumuta ahi temperatuurini 375 ° F (190 ° C). Määri minimuffinivorm rasvainega.
b) Sega kausis kuubikuteks lõigatud õunad, granuleeritud suhkur, jahu, kaneel, muskaatpähkel ja sidrunimahl. Sega, kuni õunad on ühtlaselt kaetud.
c) Rulli pirukapõhja tainas kergelt jahusel pinnal lahti. Lõika taignast ümmarguse lõikuri või klaasi abil välja minimuffinivormi õõnsustest veidi suuremad helisemaid.
d) Suru iga taignahelisema võiga määritud minimuffinivormi õõnsustesse, moodustades minipirukakoorikud.
e) Tõsta lusikaga õunatäidis igasse minipirukakoorikut, täites need ülaosaga.
f) Soovi korral lõigake taignast väiksemad helisemaid või ribad, et luua minipirukatele võre või dekoratiivsed pealsed.
g) Pintselda minipirukate pealsed munapesuga ja puista peale jämedat suhkrut, kui kasutad.
h) Küpseta eelkuumutatud ahjus 18-20 minutit või kuni koorik on kuldpruun ja täidis mullitav.
i) Lase minipirukatel mõni minut muffinivormis jahtuda, enne kui tõstad need restile täielikult jahtuma.

8.Minikõrvitsapirukad

KOOSTISOSAD:
- 1 tass konserveeritud kõrvitsapüreed
- 1/2 tassi magustatud kondenspiima
- 1 suur muna
- 1/2 tl jahvatatud kaneeli
- 1/4 tl jahvatatud ingverit
- 1/4 tl jahvatatud muskaatpähklit
- 1/4 teelusikatäit soola
- Poest ostetud või isetehtud pirukakoore tainas
- Serveerimiseks vahukoor (valikuline)

JUHISED:
a) Kuumuta ahi temperatuurini 375 ° F (190 ° C). Määri minimuffinivorm rasvainega.
b) Vahusta kausis kõrvitsapüree, magustatud kondenspiim, muna, kaneel, ingver, muskaatpähkel ja sool ühtlaseks ja hästi segunevaks massiks.
c) Rulli pirukapõhja tainas kergelt jahusel pinnal lahti. Lõika taignast ümmarguse lõikuri või klaasi abil välja minimuffinivormi õõnsustest veidi suuremad helisemaid.
d) Suru iga taignahelisema võiga määritud minimuffinivormi õõnsustesse, moodustades minipirukakoorikud.
e) Tõsta lusikaga kõrvitsatäidis igasse minipirukavormi, täites need peaaegu tipuni.
f) Küpseta eelkuumutatud ahjus 12-15 minutit või kuni koorik on kuldpruun ja täidis tahenenud.
g) Lase minipirukatel mõni minut muffinivormis jahtuda, enne kui tõstad need restile täielikult jahtuma.
h) Serveeri minikõrvitsapirukaid soovi korral vahukoorega.

9. Mini kirsipirukad

KOOSTISOSAD:
- 1 tass kirsipirukatäidist (poest ostetud või omatehtud)
- Poest ostetud või isetehtud pirukakoore tainas
- Munapesu (1 muna 1 sl veega lahtiklopitud)
- Jäme suhkur puistamiseks (valikuline)

JUHISED:
a) Kuumuta ahi temperatuurini 375 ° F (190 ° C). Määri minimuffinivorm rasvainega.
b) Rulli pirukapõhja tainas kergelt jahusel pinnal lahti. Lõika taignast ümmarguse lõikuri või klaasi abil välja minimuffinivormi õõnsustest veidi suuremad helisemaid.
c) Suru iga taignahelisema võiga määritud minimuffinivormi õõnsustesse, moodustades minipirukakoorikud.
d) Tõsta lusikaga kirsipirukatäidis igasse minipirukakoorikusse, täites need ülaosani.
e) Soovi korral lõigake taignast väiksemad helisemaid või ribad, et luua minipirukatele võre või dekoratiivsed pealsed.
f) Pintselda minipirukate pealsed munapesuga ja puista peale jämedat suhkrut, kui kasutad.
g) Küpseta eelkuumutatud ahjus 18-20 minutit või kuni koorik on kuldpruun ja täidis mullitav.
h) Lase minipirukatel mõni minut muffinivormis jahtuda, enne kui tõstad need restile täielikult jahtuma.

10. Mini mustikapirukad

KOOSTISOSAD:
- 1 tass värskeid või külmutatud mustikaid
- 2 supilusikatäit granuleeritud suhkrut
- 1 spl maisitärklist
- 1/2 tl sidrunikoort
- 1 tl sidrunimahla
- Poest ostetud või isetehtud pirukakoore tainas
- Munapesu (1 muna 1 sl veega lahtiklopitud)
- Jäme suhkur puistamiseks (valikuline)

JUHISED:
a) Kuumuta ahi temperatuurini 375 ° F (190 ° C). Määri minimuffinivorm rasvainega.
b) Viska kausis õrnalt kokku mustikad, granuleeritud suhkur, maisitärklis, sidrunikoor ja sidrunimahl, kuni need on hästi segunenud.
c) Rulli pirukapõhja tainas kergelt jahusel pinnal lahti. Lõika taignast ümmarguse lõikuri või klaasi abil välja minimuffinivormi õõnsustest veidi suuremad helisemaid.
d) Suru iga taignahelisema võiga määritud minimuffinivormi õõnsustesse, moodustades minipirukakoorikud.
e) Tõsta lusikaga mustikatäidis igasse minipirukakoorikusse, täites need ülaosaga.
f) Soovi korral lõigake taignast väiksemad helisemaid või ribad, et luua minipirukatele võre või dekoratiivsed pealsed.
g) Pintselda minipirukate pealsed munapesuga ja puista peale jämedat suhkrut, kui kasutad.
h) Küpseta eelkuumutatud ahjus 18-20 minutit või kuni koorik on kuldpruun ja täidis mullitav.
i) Lase minipirukatel mõni minut muffinivormis jahtuda, enne kui tõstad need restile täielikult jahtuma.

11. Mini Key laimi pirukad

KOOSTISOSAD:
- 1/2 tassi laimi mahla
- 1 tl võtmelaimi koort
- 1 purk (14 untsi) magustatud kondenspiima
- 2 suurt munakollast
- Poest ostetud või omatehtud grahami kreekeri kooriku tainas
- Serveerimiseks vahukoor (valikuline)

JUHISED:
a) Kuumuta ahi temperatuurini 350 °F (175 °C). Määri minimuffinivorm rasvainega.
b) Vahusta kausis laimi mahl, laimi koor, magustatud kondenspiim ja munakollased ühtlaseks ja hästi segunevaks massiks.
c) Rulli kergelt jahusel pinnal Grahami kreekerikoore tainas lahti. Lõika taignast ümmarguse lõikuri või klaasi abil välja minimuffinivormi õõnsustest veidi suuremad helisemaid.
d) Suru iga taignahelisema võiga määritud minimuffinivormi õõnsustesse, moodustades minipirukakoorikud.
e) Tõsta lusikaga laimi täidis igasse minipirukavormi, täites need peaaegu tipuni.
f) Küpseta eelkuumutatud ahjus 12-15 minutit või kuni täidis on tahenenud.
g) Lase minipirukatel mõni minut muffinivormis jahtuda, enne kui tõstad need restile täielikult jahtuma.
h) Jahutage mini-laimipirukad enne serveerimist vähemalt 2 tundi külmkapis.
i) Serveeri jahtunud minipirukaid soovi korral vahukoorega.

12. Mini šokolaadi-koorepirukad

KOOSTISOSAD:
- 1 pakk (3,9 untsi) lahustuvat šokolaadipudingi segu
- 1 1/2 tassi külma piima
- Poest ostetud või isetehtud pirukakooriku tainas, küpsetatud ja jahutatud
- Serveerimiseks vahukoor
- Šokolaadilaastud kaunistuseks (valikuline)

JUHISED:
a) Sega kausis kokku šokolaadipudingi segu ja külm piim, kuni see pakseneb, umbes 2 minutit.
b) Tõsta šokolaadipuding lusikaga jahtunud minipirukakoorikutesse, täites need peaaegu tipuni.
c) Jahuta minišokolaadikoorepirukad külmkapis vähemalt 1 tund või kuni need on tardunud.
d) Enne serveerimist tõsta iga minipirukas peale vahukoort ja soovi korral kaunista šokolaadilaastudega.

MINIKOOGID

13.Mini Victoria käsnkook

KOOSTISOSAD:
KÄSNA KOHTA:
- 2 muna
- 100 g (umbes 3,5 untsi) võid, pehmendatud
- 100 g (umbes 3,5 untsi) tuhksuhkrut
- 100 g (umbes 3,5 untsi) isekerkivat jahu
- ½ tl küpsetuspulbrit
- ½ tl vaniljeekstrakti

TÄIDISEKS:
- Maasika- või vaarikamoos
- Vahukoor

JUHISED:
a) Kuumuta ahi 180°C-ni (350°F). Määri ja vooderda minikoogi- või koogivorm.
b) Vahusta segamisnõus või ja suhkur kreemjaks. Lisa ükshaaval munad, pärast iga lisamist korralikult segades. Sega juurde vanilliekstrakt.
c) Sõelu sisse isekerkiv jahu ja küpsetuspulber ning sega siis segu hulka.
d) Tõsta taigen lusikaga minikoogivormi.
e) Küpseta umbes 12-15 minutit või kuni koogid on katsudes kuldsed ja vetruvad.
f) Pärast jahtumist lõigake iga minikook horisontaalselt pooleks. Määri ühele poolele moos ja vahukoor ning aseta peale teine pool.
g) Puista üle tuhksuhkruga ja serveeri.

14. Mini sidrunikook

KOOSTISOSAD:
- 2 muna
- 100 g (umbes 3,5 untsi) võid, pehmendatud
- 100 g (umbes 3,5 untsi) tuhksuhkrut
- 100 g (umbes 3,5 untsi) isekerkivat jahu
- 1 sidruni koor
- 1 sidruni mahl
- 50 g (umbes 1,75 untsi) granuleeritud suhkrut

JUHISED:
a) Kuumuta ahi 180°C-ni (350°F). Määri ja vooderda minikoogi- või koogivorm.
b) Vahusta segamisnõus või ja tuhksuhkur kreemjaks. Lisa ükshaaval munad, pärast iga lisamist korralikult segades.
c) Sõelu sisse isekerkiv jahu ja lisa sidrunikoor. Segage, kuni see on hästi segunenud.
d) Tõsta taigen lusikaga minikoogivormi ja küpseta umbes 12-15 minutit või kuni koogid on kuldsed.
e) Kookide küpsemise ajal segage sidrunimahla ja granuleeritud suhkrut tilgutamiseks.
f) Kohe kui koogid ahjust välja tulevad, torka need kahvli või hambatikuga läbi ja nirista peale sidruni-suhkrusegu.
g) Enne serveerimist lase kookidel jahtuda.

15. Mini Šokolaad Éclairs

KOOSTISOSAD:
CHOUX saia jaoks:
- 150 ml (umbes 5 untsi) vett
- 60 g (umbes 2 untsi) võid
- 75 g (umbes 2,5 untsi) tavalist jahu
- 2 suurt muna

TÄIDISEKS:
- 200 ml (umbes 7 untsi) vahukoort
- Šokolaadi ganache (valmistatud sulašokolaadist ja koorest)

JUHISED:
a) Kuumuta ahi 200 °C-ni (390 °F). Vooderda ahjuplaat küpsetuspaberiga.
b) Kuumuta potis vett ja võid, kuni või on sulanud. Tõsta tulelt ja lisa jahu. Sega tugevalt, kuni moodustub taignapall.
c) Lase tainal veidi jahtuda, seejärel klopi ükshaaval sisse munad, kuni segu on ühtlane ja läikiv.
d) Tõsta lusikaga või toruga choux tainas küpsetusplaadile väikeste eclair-kujulistena.
e) Küpseta umbes 15-20 minutit või kuni need on paisunud ja kuldsed.
f) Pärast jahutamist lõigake iga ekleer horisontaalselt pooleks. Täida vahukoorega ja nirista peale šokolaadi ganache.

16.Mini kohvi-pähkli kook

KOOSTISOSAD:
TOOGI JAOKS:
- 2 muna
- 100 g (umbes 3,5 untsi) võid, pehmendatud
- 100 g (umbes 3,5 untsi) tuhksuhkrut
- 100 g (umbes 3,5 untsi) isekerkivat jahu
- 1 spl lahustuvat kohvi lahustatuna 1 spl kuumas vees
- 50 g (umbes 1,75 untsi) hakitud kreeka pähkleid

JÄÄSTUSE KOHTA:
- 100 g (umbes 3,5 untsi) pehmendatud võid
- 200 g (umbes 7 untsi) tuhksuhkrut
- 1 spl lahustuvat kohvi lahustatuna 1 spl kuumas vees

JUHISED:
a) Kuumuta ahi 180°C-ni (350°F). Määri ja vooderda minikoogi- või koogivorm.
b) Vahusta segamisnõus või ja tuhksuhkur kreemjaks. Lisa ükshaaval munad, pärast iga lisamist korralikult segades.
c) Sõelu sisse isekerkiv jahu ja lisa lahustunud kohv. Segage, kuni see on hästi segunenud.
d) Sega juurde hakitud kreeka pähklid.
e) Tõsta taigen lusikaga minikoogivormi ja küpseta umbes 12-15 minutit või kuni koogid on kuldsed.
f) Kui see on jahtunud, valmistage kohviglasuur, vahustades omavahel pehmendatud või, tuhksuhkru ja lahustatud kohvi.
g) Jäätis minikoogid ja soovi korral kaunista täiendavalt hakitud kreeka pähklitega.

17.Mini pärastlõunatee koogid

KOOSTISOSAD:
TEEKOOKIDE JAOKS:
- 3 supilusikatäit magustamata kakaopulbrit
- 1 tl söögisoodat
- 1 tass universaalset jahu
- ½ tassi kuuma vett
- 1 tl vaniljeekstrakti
- 3 spl soolata võid, sulatatud
- ⅓ tassi hakitud kookospähklit
- 1 suur muna
- ½ tassi hapukoort

GLASUURI KOHTA:
- 1 spl soolata võid
- 1 tass sõelutud kondiitri suhkrut
- 2 spl vett
- ¼ tl jahvatatud kaneeli
- ½ untsi magustamata šokolaadi
- 1 tl vaniljeekstrakti

JUHISED:
TEEKOOKIDE JAOKS:
a) Kuumuta ahi temperatuurini 375 kraadi F (190 kraadi C). Vooderdage kaksteist 2½-tollist muffinitopsi pabervooderdusega.
b) Asetage väikesesse kaussi kakaopulber ja segage kakao lahustamiseks ½ tassi väga kuuma kraaniveega.
c) Sega suures kausis sulatatud või ja suhkur. Vahusta elektrimikseriga, kuni see on hästi segunenud.
d) Lisa muna ja klopi, kuni segu muutub heledaks ja kreemjaks, mis peaks võtma umbes 1–2 minutit.
e) Vala hulka lahustunud kakaosegu ja klopi kuni taigen on ühtlane.
f) Eraldi väikeses kausis sega kokku hapukoor ja söögisooda. Sega see või-suhkru-kakaosegu hulka.
g) Lisa universaalne jahu ja vaniljeekstrakt ning klopi kiiresti, kuni koostisosad on ühtlaselt segunenud. Sega hulka hakitud kookospähkel.
h) Valage taigen lusikaga muffinivormidesse, jagage see nende vahel ühtlaselt ja täitke need umbes kolmveerandini.
i) Küpseta umbes 20 minutit või kuni teekookide pealsed kerkivad kergelt puudutamisel tagasi ja keskele torgatud hambaork tuleb puhtana välja.
j) Eemalda teekoogid muffinitopsidest ja lase neil glasuuri valmistamise ajaks restil veidi jahtuda.

ŠOKOLAADI GLAASI JUURDE:
k) Segage väikeses kastrulis või 2 spl veega. Asetage see madalale kuumusele, lisage magustamata šokolaad ja segage, kuni šokolaad sulab ja segu veidi pakseneb. Eemaldage see tulelt.
l) Sega väikeses kausis sõelutud kondiitri suhkur ja jahvatatud kaneel. Sega juurde sulatatud šokolaadisegu ja vaniljeekstrakt, kuni saavutad ühtlase glasuuri.
m) Määri umbes 2 tl šokolaadiglasuuri iga sooja teekoogi peale ja lase neil korralikult jahtuda.
n) Need kaneelilõhnalise šokolaadiglasuuriga pärastlõunateekoogid on mõnus maiuspala tee kõrvale nautimiseks.

18. Mini porgandikoogi hammustused

KOOSTISOSAD:
TOOGI JAOKS:
- 2 muna
- 100 g (umbes 3,5 untsi) taimeõli
- 125 g (umbes 4,5 untsi) fariinsuhkrut
- 150 g (umbes 5,3 untsi) riivitud porgandit
- 100 g (umbes 3,5 untsi) isekerkivat jahu
- ½ tl jahvatatud kaneeli
- ½ tl jahvatatud muskaatpähklit
- ½ tl vaniljeekstrakti
- Peotäis rosinaid (valikuline)

TOORJUUSTU KÜLMUTUSEKS:
- 100 g (umbes 3,5 untsi) toorjuustu
- 50 g (umbes 1,75 untsi) pehmendatud võid
- 200 g (umbes 7 untsi) tuhksuhkrut
- ½ tl vaniljeekstrakti

JUHISED:
a) Kuumuta ahi 180°C-ni (350°F). Määri ja vooderda minikoogi- või koogivorm.
b) Vahusta segamisnõus munad, taimeõli ja pruun suhkur, kuni need on hästi segunenud.
c) Sega hulka riivitud porgand, isekerkiv jahu, jahvatatud kaneel, jahvatatud muskaatpähkel, vaniljeekstrakt ja rosinad (kui kasutad).
d) Tõsta taigen lusikaga minikoogivormi ja küpseta umbes 12-15 minutit või kuni koogid on katsudes kõvad ja hambaork tuleb sisse torgates puhtana välja.
e) Kui see on jahtunud, valmistage toorjuustu glasuur, vahustades toorjuustu, pehme või, tuhksuhkru ja vaniljeekstrakti.
f) Jää mini-porgandikoogid toorjuustukreemiga.

19. Mini Punane sametkoogid

KOOSTISOSAD:
TOOGI JÄRGI
- 2 muna
- 100 g (umbes 3,5 untsi) võid, pehmendatud
- 150 g (umbes 5,3 untsi) granuleeritud suhkrut
- 150 g (umbes 5,3 untsi) universaalset jahu
- 1 spl magustamata kakaopulbrit
- ½ tl söögisoodat
- ½ tl valget äädikat
- ½ tl vaniljeekstrakti
- Paar tilka punast toiduvärvi
- 125 ml (umbes 4,2 untsi) petipiima

TOORJUUSTU KÜLMUTUSEKS:
- 100 g (umbes 3,5 untsi) toorjuustu
- 50 g (umbes 1,75 untsi) pehmendatud võid
- 200 g (umbes 7 untsi) tuhksuhkrut
- ½ tl vaniljeekstrakti

JUHISED:
a) Kuumuta ahi 180°C-ni (350°F). Määri ja vooderda minikoogi- või koogivorm.
b) Vahusta segamisnõus või ja granuleeritud suhkur kreemjaks. Lisa ükshaaval munad, pärast iga lisamist korralikult segades.
c) Eraldi kausis sega jahu ja kakaopulber.
d) Teises väikeses kausis segage petipiim, vaniljeekstrakt ja punane toiduvärv.
e) Lisa kuivained ja petipiimasegu järk-järgult või-suhkru segule vaheldumisi, alustades ja lõpetades kuivainetega.
f) Sega väikeses kausis söögisoodat ja valget äädikat, kuni see kihiseb, seejärel sega see kiiresti koogitainasse.
g) Tõsta taigen lusikaga minikoogivormi ja küpseta umbes 12-15 minutit või kuni koogid on katsudes vetruvad.
h) Kui see on jahtunud, valmistage toorjuustu glasuur, vahustades toorjuustu, pehme või, tuhksuhkru ja vaniljeekstrakti.
i) Jää minipunased sametkoogid toorjuustukreemiga.

20.Kreem Puffs ja Éclairs Helisema Kook

KOOSTISOSAD:
- 1 tass leiget vett
- 4 supilusikatäit (½ pulka) soolamata võid, tükkideks lõigatud
- 1 tass pleegitamata universaaljahu või gluteenivaba jahu
- 4 suurt muna, toatemperatuuril
- Soolane vanilje külmutatud vanillikaste või soolane kitsepiima-šokolaadi külmutatud vanillikaste
- Šokolaadiglasuur (kasutage 4 spl täispiima)

JUHISED:
a) Kuumuta ahi 400 °F-ni.
b) Sega vesi ja või keskmise paksusega kastrulis ning kuumuta või sulatamiseks segades keemiseni. Vala kogu jahu ja sega, kuni segu moodustab palli.
c) Tõsta tulelt ja klopi ükshaaval elektrimikseriga sisse munad.

KREEMIPOHUTSEKS
d) Tõsta lusikaga kuus 4-tollist üksikut taignahunnikut määrimata küpsiseplaadile (väiksemate pahvakute jaoks tehke kaksteist 2-tollist küngast). Küpseta kuni kuldpruunini, umbes 45 minutit. Võta ahjust välja ja lase jahtuda.

ÉCLAIRSI JAOKS
e) Paigaldage ¼-tollise tavalise otsaga kondiitritoodete kott, seejärel toruke kuus kuni kaksteist 4-tollist riba määrimata küpsiseplaadile. Küpseta kuni kuldpruunini, umbes 45 minutit. Võta ahjust välja ja lase jahtuda.

SÕRMUSTOOGIKS
f) 12-tollise ovaalse vormi saamiseks kukuta ühtlased lusikatäied tainast määrimata küpsiseplaadile. Küpseta kuni kuldpruunini, 45 kuni 50 minutit. Võta ahjust välja ja lase jahtuda.

KOOSTAMA
g) Valmista glasuur. Lõika kreemipahvak, ekleer või rõngaskook pooleks. Täida jäätisega ja pane peal(ed) uuesti peale.
h) Kreemipahmakate jaoks kasta iga ampsu ülaosa šokolaadi sisse. Ekleeride puhul määri neile heldelt lusikaga glasuuri. Rõngaskoogi jaoks sega glasuuri hulka veel 5 spl piima; nirista see rõngaskoogile.
i) Serveerimiseks laota saiakesed või koogiviilud taldrikutele.

MINI TARTS

21. Mini segatud marjatordid

KOOSTISOSAD:
- 1 pakk (14 untsi) eelnevalt valmistatud jahutatud pirukakoore tainast
- 1 tass segatud marju (nagu maasikad, mustikad, vaarikad, murakad)
- 2 supilusikatäit granuleeritud suhkrut
- 1 spl maisitärklist
- 1 spl sidrunimahla
- Serveerimiseks vahukoort või vaniljejäätist (valikuline)

JUHISED:
a) Kuumuta ahi temperatuurini 375 ° F (190 ° C). Määri minimuffinivorm kergelt rasvainega.
b) Rulli pirukapõhja tainas kergelt jahusel pinnal lahti. Lõika taignast ümmarguse lõikuri või klaasi abil välja minimuffinivormi õõnsustest veidi suuremad helisemaid.
c) Suru iga taignahelisema võiga määritud minimuffinivormi õõnsustesse, moodustades minikoogikarpe.
d) Viska kausis kokku segatud marjad, granuleeritud suhkur, maisitärklis ja sidrunimahl, kuni marjad on ühtlaselt kaetud.
e) Lusikaga segatud marjasegu igasse minitorti kooresse, täites need peaaegu tipuni.
f) Küpseta eelkuumutatud ahjus 12-15 minutit või kuni koorik on kuldpruun ja marjad mullitavad.
g) Lase mini-marjatortidel mõni minut muffinivormis jahtuda, enne kui tõstad need restile täielikult jahtuma.
h) Serveeri minitorte soojalt või toasoojalt, soovi korral lisa kõrvale vahukoort või vaniljejäätist.

22. Minišokolaadi-maapähklivõitordid

KOOSTISOSAD:

- 1 pakk (14 untsi) eelnevalt valmistatud jahutatud pirukakoore tainast
- 1/2 tassi kreemjat maapähklivõid
- 1/4 tassi tuhksuhkrut
- 4 untsi poolmagusat šokolaadi, tükeldatud
- 1/4 tassi rasket koort
- Purustatud maapähklid kaunistamiseks (valikuline)

JUHISED:

a) Kuumuta ahi temperatuurini 375 ° F (190 ° C). Määri minimuffinivorm kergelt rasvainega.
b) Rulli pirukapõhja tainas kergelt jahusel pinnal lahti. Lõika taignast ümmarguse lõikuri või klaasi abil välja minimuffinivormi õõnsustest veidi suuremad helisemaid.
c) Suru iga taignahelisema võiga määritud minimuffinivormi õõnsustesse, moodustades minikoogikarpe.
d) Sega kausis kreemjas maapähklivõi ja tuhksuhkur ühtlaseks ja hästi segunevaks seguks.
e) Tõsta lusikaga väike kogus maapähklivõisegu igasse minikoogikarpi, jaotades see ühtlaselt mööda põhja.
f) Kuumuta väikeses potis koort keskmisel kuumusel, kuni see hakkab lihtsalt podisema.
g) Pane tükeldatud šokolaad kuumakindlasse kaussi. Vala kuum koor šokolaadile ja lase 1-2 minutit seista.
h) Ganache'i valmistamiseks segage šokolaad ja koor ühtlaseks ja läikivaks.
i) Tõsta lusikaga šokolaadiganache igas minitordis olevale maapähklivõikihile, täites need peaaegu tipuni.
j) Lase šokolaadi-maapähklivõitortidel mõni minut muffinivormis jahtuda, enne kui tõstad need restile täielikult jahtuma.
k) Soovi korral puista tortide peale kaunistamiseks purustatud maapähkleid.
l) Jahutage torte enne serveerimist vähemalt 30 minutit külmkapis.

23. Mini puuviljatordid

KOOSTISOSAD:
- Valmistatud mini-torti kestad või filotopsid
- Erinevad värsked puuviljad
- 1 tass vanilje kondiitrikreemi või vanillikreemi
- tuhksuhkur tolmutamiseks (valikuline)
- Värsked piparmündilehed kaunistuseks (valikuline)

JUHISED:

a) Kuumuta ahi hapukoore pakendil või retseptis märgitud temperatuurini.

b) Kui kasutate filotopse, küpsetage neid vastavalt pakendi juhistele ja laske neil jahtuda.

c) Täida iga hapukoor või filotops lusikatäie vanilje kondiitrikreemi või vanillikreemiga.

d) Asetage värsked puuviljad kreemi peale, luues värvilise väljapaneku.

e) Puista soovi korral tuhksuhkruga ja kaunista värskete piparmündilehtedega.

f) Serveerige neid veetlevaid mini-puuviljatorte magusa ja värskendava maiuspalana.

24. Mini sidruni tartletid

KOOSTISOSAD:
TARTKESTIDE KOHTA:
- 1 ¼ tassi universaalset jahu
- ¼ tassi tuhksuhkrut
- ½ tassi soolata võid, külm ja kuubikuteks lõigatud

SIDRUNITÄIDISEKS:
- ¾ tassi granuleeritud suhkrut
- 2 spl maisitärklist
- ¼ teelusikatäit soola
- 3 suurt muna
- ½ tassi värskelt pressitud sidrunimahla
- 2 sidruni koor
- ¼ tassi soolamata võid, kuubikuteks

JUHISED:
a) Sega köögikombainis jahu ja tuhksuhkur. Lisa külm, kuubikuteks lõigatud või ja pulse, kuni segu meenutab jämedat puru.
b) Suru segu mini tartletivormidesse, kattes ühtlaselt põhja ja küljed. Torgi põhjad kahvliga läbi.
c) Jahuta hapukoored umbes 30 minutiks külmikusse.
d) Kuumuta ahi temperatuurini 350 °F (175 °C).
e) Küpseta hapukoore 12-15 minutit või kuni need muutuvad kuldpruuniks. Laske neil täielikult jahtuda.
f) Vahusta potis suhkur, maisitärklis ja sool. Vispelda vähehaaval juurde munad, sidrunimahl ja sidrunikoor.
g) Keeda segu keskmisel-madalal kuumusel pidevalt segades, kuni see pakseneb, umbes 5-7 minutit.
h) Tõsta tulelt ja sega hulka kuubikuteks lõigatud või ühtlaseks massiks.
i) Täida jahtunud hapukoored sidrunitäidisega.
j) Enne serveerimist hoia vähemalt 1 tund külmkapis. Soovi korral puista enne serveerimist üle tuhksuhkruga.
k) Nautige oma mini-sidrunitarlette!

25.Mini šokolaadiga Ganache tartletid

KOOSTISOSAD:
TARVIKESTATE KOHTA:
- 1 ¼ tassi universaalset jahu
- ¼ tassi kakaopulbrit
- ¼ tassi granuleeritud suhkrut
- ½ tassi soolata võid, külm ja kuubikuteks lõigatud

ŠOKOLAADIGANAŠE JUURDE:
- ½ tassi rasket koort
- 6 untsi poolmagusat šokolaadi, peeneks hakitud
- 1 spl soolata võid

JUHISED:
a) Sega köögikombainis jahu, kakaopulber ja suhkur. Lisa külm, kuubikuteks lõigatud või ja pulse, kuni segu meenutab jämedat puru.
b) Suru segu mini tartletivormidesse, kattes ühtlaselt põhja ja küljed. Torgi põhjad kahvliga läbi.
c) Jahuta hapukoored umbes 30 minutiks külmikusse.
d) Kuumuta ahi temperatuurini 350 °F (175 °C).
e) Küpseta hapukoore 12-15 minutit või kuni need muutuvad kergelt kõvaks. Laske neil täielikult jahtuda.
f) Kuumuta väikeses potis koort keskmisel kuumusel, kuni see hakkab podisema.
g) Tõsta tükeldatud šokolaad kuumakindlasse kaussi ja vala peale kuum koor. Laske seista minut, seejärel segage ühtlaseks massiks.
h) Segage supilusikatäis võid, kuni see on täielikult segunenud.
i) Täida jahtunud hapukoored šokolaadi ganachega.
j) Laske ganache'il toatemperatuuril taheneda umbes 1 tund või kuni see on tahke.

26. Mini Vaarika mandli tartletid

KOOSTISOSAD:
TARVIKESTATE KOHTA:
- 1 ¼ tassi universaalset jahu
- ¼ tassi tuhksuhkrut
- ½ tassi soolata võid, külm ja kuubikuteks lõigatud

MANDLITÄIDISE KOHTA:
- ½ tassi mandlijahu
- ¼ tassi granuleeritud suhkrut
- ¼ tassi soolamata võid, pehmendatud
- 1 suur muna
- ½ tl mandli ekstrakti

KOOSTAMISEKS:
- Värsked vaarikad
- Viilutatud mandlid

JUHISED:
VALMISTAGE TARVIKESTAD:
a) Sega kausis universaalne jahu ja tuhksuhkur.
b) Lisa jahusegule külm kuubikuteks lõigatud soolata või.
c) Töötle või kondiitrilõikuri või sõrmedega jahu hulka, kuni segu meenutab jämedat puru.

VORMI tainas:
d) Lisa vähehaaval jahu-või segule külm vesi ja sega, kuni tainas lihtsalt kokku tuleb.
e) Vormi tainas kettaks, mässi kilesse ja pane vähemalt 30 minutiks külmkappi.
f) Kuumuta ahi temperatuurini 350 °F (175 °C).
g) Rulli jahutatud tainas jahusel pinnal umbes ⅛-tollise paksusega lahti.
h) Kasutage ümmargust lõikurit või klaasi, et lõigata helisemaid, mis on veidi suuremad kui teie kasutatavad mini-tartletivormid.
i) Suru taignahelisemaid õrnalt minitartletivormidesse, tagades, et need kataksid põhja ja küljed ühtlaselt. Kärbi üleliigne tainas.
j) Segage segamisnõus mandlijahu, granuleeritud suhkur, pehmendatud soolamata või, muna ja mandli ekstrakt. Segage, kuni see on hästi segunenud.

TÄIDA TARTLETIKESTID:
k) Tõsta lusikaga mandlitäidis ühtlaselt iga tartleti kesta sisse, täites need umbes poolenisti.
l) Aseta iga tartleti koore mandlitäidise peale värsked vaarikad. Saate neid paigutada nii, nagu soovite, kuid pinna katmine vaarikatega tundub ahvatlev.

KÜPETA TARTLETTE:
m) Aseta täidetud tartletivormid ahjuplaadile ja küpseta eelkuumutatud ahjus umbes 15-18 minutit või kuni mandlitäidis on tahenenud ja tartlettide servad on kuldpruunid.
n) Laske Mini Vaarika-mandli tartlettidel veidi jahtuda, enne kui võtate need tartletivormidest välja.
o) Soovi korral puistake tartlettide peale viilutatud mandleid, et lisada krõmpsu ja kaunistada.
p) Serveeri tartlette soojalt või toatemperatuuril mõnusa magustoidu või maiuspalana.

27.Mini soolased Quiche Lorraine tartletid

KOOSTISOSAD:
TARVIKESTATE KOHTA:
- 1 ¼ tassi universaalset jahu
- ¼ tassi soolata võid, külm ja kuubikuteks lõigatud
- ¼ teelusikatäit soola
- ¼ tassi jäävett

QUICHE TÄIDISE KOHTA:
- 4 viilu peekonit, tükeldatud
- ½ tassi riivitud Gruyere juustu
- 2 suurt muna
- 1 tass rasket koort
- Sool ja pipar maitse järgi
- Näputäis muskaatpähklit

JUHISED:
VALMISTAGE TARVIKESTAD:
a) Segage segamiskausis universaalne jahu ja sool.
b) Lisa jahusegule külm kuubikuteks lõigatud soolata või.
c) Töötle või kondiitrilõikuri või sõrmedega jahu hulka, kuni segu meenutab jämedat puru.
d) Lisa vähehaaval vähehaaval jäävesi ja sega, kuni tainas lihtsalt kokku tuleb.
e) Vormige tainas kettaks, mässige kilesse ja hoidke külmkapis vähemalt 30 minutit.
f) Kuumuta ahi temperatuurini 375 ° F (190 ° C).
g) Rulli jahutatud tainas jahusel pinnal umbes ⅛-tollise paksusega lahti.
h) Kasutage ümmargust lõikurit või klaasi, et lõigata helisemaid, mis on veidi suuremad kui teie kasutatavad mini-tartletivormid.
i) Suru taignahelisemaid õrnalt tartletivormidesse, tagades, et need kataksid põhja ja küljed ühtlaselt. Kärbi üleliigne tainas.

PIME KÜPSETA TARTOKESTID:
j) Vooderda tartaletikoored küpsetuspaberiga ja täida need pirukaraskuste või kuivatatud ubadega, et tainas küpsemise ajal ei paisuks.

k) Küpseta eelsoojendatud ahjus umbes 10-12 minutit või kuni koogikarpide servad on kergelt kuldsed.
l) Eemalda küpsetuspaber ja raskused ning küpseta veel 5-7 minutit, kuni põhi on kergelt kuldne.
m) Võta tartaletikoored ahjust välja ja tõsta kõrvale jahtuma.

VALMISTA KITSEE TÄIDIS:
n) Küpseta hakitud peekonit pannil keskmisel kuumusel, kuni see muutub krõbedaks. Eemaldage liigne rasv.
o) Puista riivitud Gruyere juust ja küpsetatud peekon ühtlaselt küpsetatud tartletikarpidele.
p) Vahusta segamisnõus munad, koor, sool, pipar ja näputäis muskaatpähklit, kuni need on hästi segunenud.
q) Valage munasegu ettevaatlikult juustu ja peekoniga igasse tartletikooresse, täites need pealt.

KÜPSETAGE QUICHE TARTLETTE:
r) Asetage täidetud tartletivormid küpsetusplaadile ja küpsetage eelsoojendatud ahjus umbes 20-25 minutit või kuni quiche on hangunud ja kergelt paisunud.
s) Valminud quiche tartlettidel peaks olema kuldpruun ülaosa.
t) Laske Mini Savory Quiche Lorraine Tartlettidel mõni minut jahtuda, enne kui võtate need ettevaatlikult tartletivormidest välja.
u) Serveeri quiche tartlette soojalt või toatemperatuuril mõnusa eelroana või suupistena.

KOOGI POPSID JA PALLID

28.Funfetti konfetti koogipopsid

KOOSTISOSAD:
KOOKIPOPSI JAOKS:
- 1 karp funfetti koogi segu
- 1/2 tassi soolamata võid, pehmendatud
- 1/2 tassi täispiima
- 3 suurt muna
- 1/2 tassi värvilisi konfettipuisteid

KOMMIKATE KOHTA:
- 12 untsi valget kommi sulab või valge šokolaadi laastud
- 2 supilusikatäit taimeõli või lühendamist
- Täiendavad värvilised konfettipuistad (kaunistuseks)

KOOKIPOPSI KOOSTAMISEKS:
- Kook pop pulgad või pulgakommi pulgad

JUHISED:
KOOKIPOPSI JAOKS:
a) Kuumuta ahi koogisegu karbil märgitud temperatuurini.
b) Määri ja jahu või vooderda ahjupann küpsetuspaberiga.
c) Valmistage segamisnõus funfetti koogisegu vastavalt pakendi juhistele, kasutades soolamata võid, täispiima ja mune.
d) Voldi värvilised konfettipuired õrnalt koogitainasse, kuni need on ühtlaselt jaotunud.
e) Küpseta kooki eelsoojendatud ahjus, kuni keskele torgatud hambaork tuleb puhtana välja.
f) Lase koogil täielikult jahtuda.
g) Tortide kokkupanemiseks:
h) Purusta jahtunud kook käte või köögikombaini abil peeneks puruks.
i) Veereta segust väikesed, umbes pingpongipalli suurused tordipallid ja aseta need küpsetuspaberiga kaetud ahjuplaadile.
j) Jahuta koogipallid külmkapis umbes 30 minutit või kuni need on tahked.

KOMMIKATE KOHTA:
k) Sulata mikrolaineahjus kasutatavas kausis valged kommid või valge šokolaadi laastud taimeõliga või lühikeste ajavahemike järel segades ühtlaseks massiks.

LÕPETAMA:
l) Kastke kookipulga ots sulanud kommikatte sisse ja torgake see umbes poole pealt jahutatud koogipalli keskele.
m) Kastke kogu koogipall sulatatud kommikatte sisse, veendudes, et see oleks täielikult kaetud.
n) Piserdage kaetud koogipopsiga koheselt värvilisi konfettipuisteid, enne kui kate hangub.
o) Asetage koogitükid püsti vahtpolüstüroolplokki või tordialusesse, et kommikate täielikult hanguks.

29. Klassikalised vaniljekoogid

KOOSTISOSAD:
KOOKIPOPSI JAOKS:
- 1 karp vaniljekoogi segu
- 1/2 tassi soolamata võid, pehmendatud
- 1/2 tassi täispiima
- 3 suurt muna

KÜRMUMISEKS:
- 1/2 tassi soolamata võid, pehmendatud
- 2 tassi tuhksuhkrut
- 1 tl vaniljeekstrakti
- 2 supilusikatäit täispiima

KOMMIKATE KOHTA:
- 12 untsi valget kommi sulab või valge šokolaadi laastud
- Värvilised puistad (valikuline)

KOOKIPOPSI KOOSTAMISEKS:
- Kook pop pulgad või pulgakommi pulgad

JUHISED:

KOOKIPOPSI JAOKS:

a) Kuumuta ahi koogisegu karbil märgitud temperatuurini.
b) Määri ja jahu või vooderda ahjupann küpsetuspaberiga.
c) Valmistage segamisnõus vaniljekoogisegu vastavalt pakendi juhistele, kasutades soolamata võid, täispiima ja mune.
d) Küpseta kooki eelsoojendatud ahjus, kuni keskele torgatud hambaork tuleb puhtana välja.
e) Lase koogil täielikult jahtuda.

KÜRMUMISEKS:

f) Vahusta eraldi segamisnõus pehme või ühtlaseks ja kreemjaks vahuks.
g) Lisage vähehaaval tuhksuhkur, vaniljeekstrakt ja täispiim ning jätkake vahustamist, kuni koor on ühtlane ja määritav.

KOOKIPOPSI KOOSTAMISEKS:

h) Purusta jahtunud kook käte või köögikombaini abil peeneks puruks.
i) Lisa glasuur koogipurule ja sega ühtlaseks.
j) Veereta segust väikesed, umbes pingpongipalli suurused tordipallid ja aseta need küpsetuspaberiga kaetud ahjuplaadile.
k) Jahuta koogipallid külmkapis umbes 30 minutit või kuni need on tahked.

KOMMIKATE KOHTA:

l) Sulata valged kommid või valge šokolaadi laastud vastavalt pakendi juhistele, kasutades mikrolaineahju või topeltboilerit.
m) Kastke kookipulga ots sulanud kommikatte sisse ja torgake see umbes poole pealt jahutatud koogipalli keskele.
n) Kastke kogu koogitükk sulanud kommkatte sisse ja veenduge, et see oleks täielikult kaetud.
o) Lisa värvilisi puisteid (soovi korral), kui kate on veel märg.

LÕPETAMA:

p) Asetage koogitükid püsti vahtpolüstüroolplokki või tordialusesse, et kommikate täielikult hanguks.

30.Šokolaad Fudge koogipallid

KOOSTISOSAD:
KOOGIPALLIDE JAOKS:
- 1 karp šokolaadi-fudge koogi segu
- 1/2 tassi soolamata võid, pehmendatud
- 1/2 tassi täispiima
- 3 suurt muna

ŠOKOLAADI KATTE JAOKS:
- 12 untsi poolmagusaid šokolaaditükke või tumedat šokolaadi sulab
- 2 supilusikatäit taimeõli või lühendamist
- Šokolaadipudrud või purustatud pähklid (valikuline, kaunistamiseks)

KOOGIPALLIDE KOOSTAMISEKS:
- Kook pop pulgad või pulgakommi pulgad

JUHISED:
KOOGIPALLIDE JAOKS:
a) Kuumuta ahi koogisegu karbil märgitud temperatuurini.
b) Määri ja jahu või vooderda ahjupann küpsetuspaberiga.
c) Valmistage segamiskausis šokolaadi-fudge koogi segu vastavalt pakendi juhistele, kasutades soolamata võid, täispiima ja mune.
d) Küpseta kooki eelsoojendatud ahjus, kuni keskele torgatud hambaork tuleb puhtana välja.
e) Lase koogil täielikult jahtuda.

KOOGIPALLIDE KOOSTAMISEKS:
f) Purusta jahtunud kook käte või köögikombaini abil peeneks puruks.
g) Veereta tordipurust väikesed, umbes pingpongipalli suurused tordipallid ja aseta need küpsetuspaberiga kaetud ahjuplaadile.
h) Jahuta koogipallid külmkapis umbes 30 minutit või kuni need on tahked.

ŠOKOLAADI KATTE JAOKS:
i) Sulata mikrolaineahjus kasutatavas kausis poolmagusad šokolaaditükid või tume šokolaad koos taimeõliga või lühikeste ajavahemike järel segades ühtlaseks.
j) Lõpetama:
k) Kastke kookipulga ots sulašokolaadi sisse ja torgake see umbes poole pealt jahtunud koogipalli keskele.
l) Kastke kogu koogipall sulatatud šokolaadi sisse, veendudes, et see on täielikult kaetud.
m) Kaunista šokolaadipudruste või purustatud pähklitega (soovi korral), kuni kate on veel märg.
n) Asetage koogipallid püsti vahtpolüstüroolplokki või koogialusesse, et šokolaadikate saaks täielikult taheneda.

31. Sidruni vaarika koogipopsid

KOOSTISOSAD:
KOOKIPOPSI JAOKS:
- 1 karp sidrunikoogi segu
- 1/2 tassi soolamata võid, pehmendatud
- 1/2 tassi täispiima
- 3 suurt muna
- Ühe sidruni koor

VAARIKATÄIDISE JUURDE:
- 1 tass värskeid vaarikaid
- 2 supilusikatäit granuleeritud suhkrut

KOMMIKATE KOHTA:
- 12 untsi valget kommi sulab või valge šokolaadi laastud
- Kollane või roosa toiduvärv (valikuline)
- Sidrunikoor (kaunistuseks, valikuline)

KOOKIPOPSI KOOSTAMISEKS:
- Kook pop pulgad või pulgakommi pulgad

JUHISED:
KOOKIPOPSI JAOKS:
a) Kuumuta ahi koogisegu karbil märgitud temperatuurini.
b) Määri ja jahu või vooderda ahjupann küpsetuspaberiga.
c) Valmistage segamisnõus sidrunikoogi segu vastavalt pakendi juhistele, kasutades soolamata võid, täispiima, mune ja sidrunikoort.
d) Küpseta kooki eelsoojendatud ahjus, kuni keskele torgatud hambaork tuleb puhtana välja.
e) Lase koogil täielikult jahtuda.

VAARIKATÄIDISE JUURDE:
f) Püreesta eraldi kausis värsked vaarikad granuleeritud suhkruga ühtlaseks püreeks.

KOOKIPOPSI KOOSTAMISEKS:
g) Purusta jahtunud kook käte või köögikombaini abil peeneks puruks.
h) Sega vaarikapüree koogipuru hulka, kuni see on hästi segunenud.
i) Veereta segust väikesed, umbes pingpongipalli suurused tordipallid ja aseta need küpsetuspaberiga kaetud ahjuplaadile.
j) Jahuta koogipallid külmkapis umbes 30 minutit või kuni need on tahked.

KOMMIKATE KOHTA:
k) Sulata valged kommid või valge šokolaadi laastud vastavalt pakendi juhistele, kasutades mikrolaineahju või topeltboilerit.
l) Soovi korral lisage sulatatud kommikattele paar tilka kollast või roosat toiduvärvi, et saavutada pastelne toon.
m) Kastke kookipulga ots sulanud kommikatte sisse ja torgake see umbes poole pealt jahutatud koogipalli keskele.
n) Kastke kogu koogitükk sulanud kommkatte sisse ja veenduge, et see oleks täielikult kaetud.

LÕPETAMA:
o) Soovi korral kaunista iga koogitükk sidrunikoorega, et saada rohkem sidrunimaitset.
p) Asetage koogitükid püsti vahtpolüstüroolplokki või tordialusesse, et kommikate täielikult hanguks.

32.Punane samettoorjuustukoogi pallid

KOOSTISOSAD:
KOOGIPALLIDE JAOKS:
- 1 karp punase sametise koogi segu
- 1/2 tassi soolamata võid, pehmendatud
- 1/2 tassi petipiima
- 3 suurt muna

TOORJUUSTU KÜLMUTUSEKS:
- 1 pakk (8 untsi) toorjuustu, pehmendatud
- 1/4 tassi soolamata võid, pehmendatud
- 3 tassi tuhksuhkrut
- 1 tl vaniljeekstrakti

KOMMIKATE KOHTA:
- 12 untsi valget kommi sulab või valge šokolaadi laastud
- Punane geeljas toiduvärv (valikuline)
- Punase sametise koogipuru (kaunistuseks, valikuline)

KOOGIPALLIDE KOOSTAMISEKS:
- Kook pop pulgad või pulgakommi pulgad

JUHISED:
KOOGIPALLIDE JAOKS:
a) Kuumuta ahi koogisegu karbil märgitud temperatuurini.
b) Määri ja jahu või vooderda ahjupann küpsetuspaberiga.
c) Valmistage segamisnõus punase sametkoogi segu vastavalt pakendi juhistele, kasutades soolamata võid, petipiima ja mune.
d) Küpseta kooki eelsoojendatud ahjus, kuni keskele torgatud hambaork tuleb puhtana välja.
e) Lase koogil täielikult jahtuda.

TOORJUUSTU KÜLMUTUSEKS:
f) Vahusta eraldi segamisnõus pehme toorjuust ja või ühtlaseks ja kreemjaks vahuks.
g) Lisa vähehaaval tuhksuhkur ja vaniljeekstrakt ning jätka vahustamist, kuni pakas on ühtlane ja määritav.

KOOGIPALLIDE KOOSTAMISEKS:
h) Purusta jahtunud kook käte või köögikombaini abil peeneks puruks.

i) Sega toorjuustu glasuur koogipuru hulka, kuni see on hästi segunenud.
j) Veereta segust väikesed, umbes pingpongipalli suurused tordipallid ja aseta need küpsetuspaberiga kaetud ahjuplaadile.
k) Jahuta koogipallid külmkapis umbes 30 minutit või kuni need on tahked.

KOMMIKATE KOHTA:
l) Sulata valged kommid või valge šokolaadi laastud vastavalt pakendi juhistele, kasutades mikrolaineahju või topeltboilerit.
m) Soovi korral lisage sulanud kommikattele paar tilka punast geelist toiduvärvi, et saavutada erksat punast värvi.

LÕPETAMA:
n) Kastke kookipulga ots sulanud kommikatte sisse ja torgake see umbes poole pealt jahutatud koogipalli keskele.
o) Kastke kogu koogipall sulatatud kommikatte sisse, veendudes, et see oleks täielikult kaetud.
p) Soovi korral kaunista iga koogipalli punase sametise koogipuruga, et saada võluvat puudutust.
q) Asetage koogipallid püsti vahtpolüstüroolplokki või koogialusesse, et kommikate täielikult hanguks.

33.Küpsised ja koorekoogid

KOOSTISOSAD:
KOOKIPOPSI JAOKS:
- 1 karp šokolaadikoogi segu
- 1/2 tassi soolamata võid, pehmendatud
- 1/2 tassi täispiima
- 3 suurt muna
- 1 tass purustatud šokolaadi võileivaküpsiseid (nt Oreo)

VALGE ŠOKOLAADI KATE KOHTA:
- 12 untsi valget kommi sulab või valge šokolaadi laastud
- 2 supilusikatäit taimeõli või lühendamist

KOOKIPOPSI KOOSTAMISEKS:
- Kook pop pulgad või pulgakommi pulgad

JUHISED:
KOOKIPOPSI JAOKS:
a) Kuumuta ahi koogisegu karbil märgitud temperatuurini.
b) Määri ja jahu või vooderda ahjupann küpsetuspaberiga.
c) Valmistage segamisnõus šokolaadikoogisegu vastavalt pakendi juhistele, kasutades soolamata võid, täispiima ja mune.
d) Voldi purustatud šokolaadiküpsised koogitainasse, kuni need on hästi segunenud.
e) Küpseta kooki eelsoojendatud ahjus, kuni keskele torgatud hambaork tuleb puhtana välja.
f) Lase koogil täielikult jahtuda.

KOOKIPOPSI KOOSTAMISEKS:
g) Purusta jahtunud kook käte või köögikombaini abil peeneks puruks.
h) Veereta segust väikesed, umbes pingpongipalli suurused tordipallid ja aseta need küpsetuspaberiga kaetud ahjuplaadile.
i) Jahuta koogipallid külmkapis umbes 30 minutit või kuni need on tahked.

VALGE ŠOKOLAADI KATE KOHTA:
j) Sulata mikrolaineahjus kasutatavas kausis valged kommid või valge šokolaadi laastud taimeõliga või lühikeste ajavahemike järel segades ühtlaseks massiks.

LÕPETAMA:
k) Kastke kookipulga ots sulatatud valgesse šokolaadi ja pista see umbes poole pealt jahtunud koogipalli keskele.
l) Kastke kogu koogitükk sulatatud valgesse šokolaadi ja veenduge, et see oleks täielikult kaetud.
m) Soovi korral kaunista koogitükid pealt veel purustatud šokolaadiküpsistega, kuni kate on veel märg.
n) Asetage koogid püsti vahtpolüstüroolplokki või koogialusesse, et valge šokolaadi kate saaks täielikult hanguda.

34. Soolakaramelli koogipallid

KOOSTISOSAD:
KOOGIPALLIDE JAOKS:
- 1 karp karamellisegu
- 1/2 tassi soolamata võid, pehmendatud
- 1/2 tassi täispiima
- 3 suurt muna

SOOLATUD KARAMELLTÄIDISE PUHUL:
- 1 tass poest ostetud või omatehtud karamellkastet
- 1/2 teelusikatäit meresoola

KOMMIKATE KOHTA:
- 12 untsi karamellimaitselist kommi sulab
- 2 supilusikatäit taimeõli või lühendamist
- Jäme meresool (kaunistuseks, valikuline)

KOOGIPALLIDE KOOSTAMISEKS:
- Kook pop pulgad või pulgakommi pulgad

JUHISED:

KOOGIPALLIDE JAOKS:
a) Kuumuta ahi koogisegu karbil märgitud temperatuurini.
b) Määri ja jahu või vooderda ahjupann küpsetuspaberiga.
c) Valmistage segamisnõus karamellisegu vastavalt pakendi juhistele, kasutades soolamata võid, täispiima ja mune.
d) Küpseta kooki eelsoojendatud ahjus, kuni keskele torgatud hambaork tuleb puhtana välja.
e) Lase koogil täielikult jahtuda.

SOOLATUD KARAMELLTÄIDISE PUHUL:
f) Eraldi kausis segage karamellikaste meresoolaga, kuni see on hästi segunenud.

KOOGIPALLIDE KOOSTAMISEKS:
g) Purusta jahtunud kook käte või köögikombaini abil peeneks puruks.
h) Sega soolakaramelltäidis tordipuru hulka, kuni see on hästi segunenud.
i) Veereta segust väikesed, umbes pingpongipalli suurused tordipallid ja aseta need küpsetuspaberiga kaetud ahjuplaadile.
j) Jahuta koogipallid külmkapis umbes 30 minutit või kuni need on tahked.

KOMMIKATE KOHTA:
k) Sulata mikrolaineahjukindlas kausis karamellimaitselised kommid või karamellimaitselised šokolaaditükid taimeõliga või lühikeste ajavahemike järel segades ühtlaseks.
l) Lõpetama:
m) Kastke kookipulga ots sulanud kommikatte sisse ja torgake see umbes poole pealt jahutatud koogipalli keskele.
n) Kastke kogu koogipall sulatatud kommikatte sisse, veendudes, et see oleks täielikult kaetud.
o) Soovi korral puista igale koogipallile näpuotsatäie jämedat meresoola, et saada maitset.
p) Asetage koogipallid püsti vahtpolüstüroolplokki või koogialusesse, et kommikate täielikult hanguks.

35.Maasika-juustukoogi tordipallid

KOOSTISOSAD:
KOOGIPALLIDE JAOKS:
- 1 karp maasikakoogi segu
- 1/2 tassi soolamata võid, pehmendatud
- 1/2 tassi täispiima
- 3 suurt muna

JUUSTUSTOOGI TÄIDISEKS:
- 1 pakk (8 untsi) toorjuustu, pehmendatud
- 1/4 tassi granuleeritud suhkrut
- 1 tl vaniljeekstrakti

KOMMIKATE KOHTA:
- 12 untsi valget kommi sulab või valge šokolaadi laastud
- 2 supilusikatäit taimeõli või lühendamist

MAASIKAGLASUURI JAOKS:
- 1 tass värskeid maasikaid, hakitud
- 1/4 tassi granuleeritud suhkrut
- 1 supilusikatäis maisitärklist
- 1 spl vett

KOOGIPALLIDE KOOSTAMISEKS:
- Kook pop pulgad või pulgakommi pulgad

JUHISED:
KOOGIPALLIDE JAOKS:
a) Kuumuta ahi koogisegu karbil märgitud temperatuurini.
b) Määri ja jahu või vooderda ahjupann küpsetuspaberiga.
c) Valmistage segamisnõus maasikakoogi segu vastavalt pakendi juhistele, kasutades soolamata võid, täispiima ja mune.
d) Küpseta kooki eelsoojendatud ahjus, kuni keskele torgatud hambaork tuleb puhtana välja.
e) Lase koogil täielikult jahtuda.

JUUSTUSTOOGI TÄIDISEKS:
f) Vahusta eraldi segamisnõus pehme toorjuust, granuleeritud suhkur ja vaniljeekstrakt ühtlaseks ja kreemjaks vahuks.
g) Koogipallide kokkupanemiseks:
h) Purusta jahtunud kook käte või köögikombaini abil peeneks puruks.

i) Sega juustukoogi täidis tordipuru hulka, kuni see on hästi segunenud.
j) Veereta segust väikesed, umbes pingpongipalli suurused tordipallid ja aseta need küpsetuspaberiga kaetud ahjuplaadile.
k) Jahuta koogipallid külmkapis umbes 30 minutit või kuni need on tahked.

KOMMIKATE KOHTA:

l) Sulata mikrolaineahjus kasutatavas kausis valged kommid või valge šokolaadi laastud taimeõliga või lühikeste ajavahemike järel segades ühtlaseks massiks.

MAASIKAGLASUURI JAOKS :

m) Sega potis tükeldatud maasikad, granuleeritud suhkur, maisitärklis ja vesi.
n) Küpseta keskmisel kuumusel pidevalt segades, kuni segu pakseneb ja maasikad lagunevad glasuuritaoliseks konsistentsiks.
o) Tõsta tulelt ja lase maasikaglasuuril jahtuda.

LÕPETAMA:

p) Kastke kookipulga ots sulanud kommikatte sisse ja torgake see umbes poole pealt jahutatud koogipalli keskele.
q) Kastke kogu koogipall sulatatud kommikatte sisse, veendudes, et see oleks täielikult kaetud.
r) Mõnusa viimistluse saamiseks nirista iga koogipalli jahutatud maasikaglasuuriga.
s) Asetage koogipallid püsti vahtpolüstüroolplokki või koogialusesse, et kommikate täielikult hanguks.

MINIVÕLEIVAD

36. Mini Caprese võileivad

KOOSTISOSAD:
- 12 mini kuklit või õhtusöögirulli
- 12 viilu värsket mozzarella juustu
- 2 tomatit, viilutatud
- Värsked basiiliku lehed
- Balsamico glasuur
- Sool ja pipar maitse järgi

JUHISED:

a) Lõigake minisliugkuklid või õhtusöögirullid horisontaalselt pooleks.

b) Laota iga kukli alumisele poolele viil mozzarella juustu, viil tomatit ja paar basiilikulehte.

c) Nirista peale balsamico glasuur ning maitsesta soola ja pipraga.

d) Aseta kukli ülemine pool täidistele.

e) Kinnitage minivõileivad soovi korral hambaorkidega.

f) Serveeri ja naudi neid värskendavaid Caprese võileibu.

37.Mini-kanasalati võileivad

KOOSTISOSAD:
- 12 minisarvesaia või väikest saiakest
- 2 tassi keedetud kanarinda, tükeldatud või kuubikuteks lõigatud
- ½ tassi majoneesi
- 1 spl Dijoni sinepit
- ¼ tassi sellerit, peeneks hakitud
- 2 rohelist sibulat, õhukeselt viilutatud
- Sool ja pipar maitse järgi

JUHISED:
a) Segage kausis tükeldatud või kuubikuteks lõigatud kanarind, majonees, Dijoni sinep, seller ja roheline sibul, kuni need on hästi segunenud.
b) Maitsesta soola ja pipraga maitse järgi.
c) Lõika minisarvesaiad või saiakesed horisontaalselt pooleks.
d) Tõsta iga sarvesaia või rulli alumisele poolele lusikaga rikkalik kogus kanasalatit.
e) Aseta sarvesaia ülemine pool või rulli täidisele.
f) Kinnitage minivõileivad soovi korral hambaorkidega.
g) Serveeri ja naudi neid maitsvaid kanasalativõileibu.

38. Mini kalkuni- ja jõhvikavõileivad

KOOSTISOSAD:
- 12 mini saia või saia
- 12 viilu kalkunirind
- ½ tassi jõhvikakastet
- Peotäis beebispinati või rukola lehti
- ¼ tassi toorjuustu
- Sool ja pipar maitse järgi

JUHISED:
a) Lõika õhtusöögi- või saiarullid horisontaalselt pooleks.
b) Määri iga rulli alumisele poolele toorjuust.
c) Laota toorjuustu peale kihiti viilutatud kalkunirind, lusikatäis jõhvikakastet ja paar beebispinati või rukolalehte.
d) Maitsesta soola ja pipraga maitse järgi.
e) Aseta rulli ülemine pool täidistele.
f) Kinnitage minivõileivad soovi korral hambaorkidega.

39.Mini singi-juustu liugurid

KOOSTISOSAD:
- 12 mini kuklit või õhtusöögirulli
- 12 viilu sinki
- 12 viilu juustu (nt Cheddari, Šveitsi või Provolone juustu)
- 2 supilusikatäit Dijoni sinepit
- 2 supilusikatäit majoneesi
- 2 spl võid, sulatatud
- ½ tl küüslaugupulbrit
- ½ tl mooniseemneid (valikuline)

JUHISED:
a) Kuumuta ahi temperatuurini 350 °F (175 °C).
b) Lõika kuklid või õhtusöögirullid horisontaalselt pooleks.
c) Määri iga kukli alumisele poolele Dijoni sinepit ja ülemisele poolele majoneesi.
d) Laota iga kukli alumisele poolele viilutatud sink ja juust.
e) Aseta kukli ülemine pool täidistele, et luua võileibu.
f) Aseta võileivad ahjuvormi.
g) Sega väikeses kausis sulatatud või küüslaugupulbriga. Pintselda seguga võileivapealsed.
h) Soovi korral puista võileibadele mooniseemneid.
i) Kata ahjuvorm fooliumiga ja küpseta 10-15 minutit või kuni juust on sulanud ja kuklid kergelt röstitud.
j) Serveerige neid sooje ja juustuvaid singi- ja juustutükke.

40. Mini Köögiviljaklubi võileivad

KOOSTISOSAD:
- 12 mini pita taskut või väikesed saiakesed
- ½ tassi hummust
- 12 viilu kurki
- 12 viilu tomatit
- 12 viilu avokaadot
- Peotäis salatit või idusid
- Sool ja pipar maitse järgi

JUHISED:
a) Lõika minipita taskud või saiarullid horisontaalselt pooleks.
b) Määri hummust iga tasku või rulli alumisele poolele.
c) Laota hummuse peale kihiti kurgiviilud, tomativiilud, avokaadoviilud ja salat või idud.
d) Maitsesta soola ja pipraga maitse järgi.
e) Aseta tasku ülemine pool või rulli täidistele.
f) Kinnitage minivõileivad soovi korral hambaorkidega.
g) Serveerige ja nautige neid maitsvaid köögiviljaklubi võileibu.

KÜPSISED

41. Khelisemali ja karamelli küpsised

KOOSTISOSAD:
- 1 pakk šokolaadikoogi segu (tavalise suurusega)
- 1/2 tassi võid, sulatatud
- 2 suurt muna, toasoe
- 1 tass purustatud miniatuurset khelisemalit, jagatud
- 1 tass poolmagusaid šokolaaditükke
- 2 spl soolakaramelli katet

JUHISED:
a) Kuumuta ahi 350°-ni. Kombineeri koogisegu, sulatatud või ja munad; klopi segamiseni. Sega juurde 1/2 tassi khelisemalit, šokolaaditükid ja karamellikate.
b) Tõsta ümarad supilusikatäied 2 tolli kaugusel võiga määritud küpsetuspaberitele. Tasandage klaasi põhjaga veidi; suru ülejäänud khelisemalid igaühe peale. Küpseta 8-10 minutit või kuni taheneb.
c) Jahuta pannidel 2 minutit. Tõsta restidele täielikult jahtuma.

42. Kanep Buckeye küpsis

KOOSTISOSAD:
- 1 pakk šokolaadikoogi segu (tavalise suurusega)
- 2 suurt muna, toasoe
- 1/2 tassi õli
- 1 tass poolmagusaid šokolaaditükke
- 1 tass kreemjat maapähklivõid
- 1/2 tassi kondiitri suhkrut

JUHISED:
a) Kuumuta ahi 350°-ni.
b) Sega suures kausis koogisegu, munad ja õli, kuni segu on segunenud. Sega hulka šokolaaditükid. Suru pool tainast 10-tolliseks. malm või muu ahjukindel pann.
c) Kombineeri maapähklivõi ja kondiitritoodete suhkur; jaota pannil taignale.
d) Suru ülejäänud tainas pärgamendilehtede vahele 10-tolliseks vormiks. helisema; aseta täidise peale.
e) Küpseta, kuni keskele torgatud hambaork väljub niiske puruga, 20-25 minutit.

43. Kake Mix Sandwich küpsised

KOOSTISOSAD:
- 1 18,25-untsise karbi šokolaadikoogi segu
- 1 muna, toasoe
- ½ tassi või
- 1 12-untsi vanilje glasuur

JUHISED:
a) Kuumuta ahi temperatuurini 350 ° F.
b) Kata küpsiseplaat küpsetuspaberi kihiga. Kõrvale panema.
c) Segage suures segamiskausis koogisegu, muna ja või. Kasutage elektrilist mikserit ühtlase ja ühtlase taigna saamiseks.
d) Rulli küpsisetainast 1" pallid ja asetage need küpsiseplaadile. Vajutage iga palli lusikaga tasaseks. Küpseta 10 minutit.
e) Laske küpsistel täielikult jahtuda, enne kui asetate kahe küpsise vahele glasuurkihi.

44.Granola ja šokolaadi küpsised

KOOSTISOSAD:
- 1 18,25 untsi šokolaadikoogi segu
- ¾ tassi võid, pehmendatud
- ½ tassi pakitud pruuni suhkrut
- 2 muna
- 1 tass granola
- 1 tass valge šokolaadi laastud
- 1 tass kuivatatud kirsse

JUHISED:
a) Kuumuta ahi temperatuurini 375 ° F.
b) Sega suures kausis koogisegu, või, pruun suhkur ja munad ning klopi kuni moodustub tainas.
c) Sega juurde granola ja valge šokolaadi laastud. Määrige määrimata küpsiselehtedele teelusikatäie kaupa umbes 2 tolli kaugusel.
d) Küpseta 10–12 minutit või kuni küpsised on servadest helekuldpruunid.
e) Jahuta küpsiselehtedel 3 minutit, seejärel tõsta restile .

45.Koogikarbi suhkruküpsised

KOOSTISOSAD:
- 1 18,25 untsi valge šokolaadi koogi segu
- ¾ tassi võid
- 2 munavalget
- 2 spl kerget koort

JUHISED:
a) Aseta koogisegu suurde kaussi. Lõika kondiitri segisti või kahe kahvliga võisse, kuni osakesed on peened.
b) Sega hulka munavalged ja koor. Vormi tainast pall ja kata.
c) Jahuta vähemalt kaks tundi ja kuni 8 tundi külmkapis.
d) Kuumuta ahi uuesti temperatuurini 375 °F.
e) Rullige tainas 1-tollisteks pallideks ja asetage määrimata küpsiselehtedele. Tasandage klaasi põhjaga ¼" paksuseks.
f) Küpseta 7–10 minutit või kuni küpsise servad on helepruunid.
g) Jahuta küpsiselehtedel 2 minutit, seejärel tõsta restidele täielikult jahtuma.

46. Saksa koogikarbi küpsised

KOOSTISOSAD:

- 1 18,25 untsi karp Saksa šokolaadikoogi segu
- 1 tass poolmagusaid šokolaaditükke
- 1 tass kaerahelbeid
- ½ tassi õli
- 2 muna, kergelt lahtiklopitud
- ½ tassi rosinaid
- 1 tl vanilli

JUHISED:

a) Kuumuta ahi temperatuurini 350 ° F.
b) Kombineeri kõik koostisosad. Segage hästi, kasutades madalale kiirusele seatud elektrisegisti. Kui tekib jahune puru, lisa tilk vett.
c) Tõsta tainas lusikate kaupa määrimata küpsiseplaadile.
d) Küpseta 10 minutit.
e) Jahuta enne küpsiste plaadilt eemaldamist ja serveerimisnõule tõstmist täielikult maha.

KREEMPUHVID

47. Kokteilikreemid

KOOSTISOSAD:
- ½ tassi Või
- 1 tass Jahu
- 4 muna
- 1 tass Keev vesi
- 2 supilusikatäit Või
- 1 tass Pekanipähklid, hakitud
- 1½ tassi Kana, keedetud
- ¼ teelusikatäit soola
- 3 untsi toorjuustu
- ¼ tassi Majonees
- ¼ teelusikatäit Sidruni koor

JUHISED:

a) Sega kastrulis või ja keev vesi. Lisa jahu ja sool ning keeda umbes 2 minutit või kuni moodustub pehme pall. Lisa ükshaaval korralikult vahustades munad.

b) Tõsta teelusikatäied segu võiga määritud ahjuplaadile. Küpseta 20-22 minutit 425 kraadi juures. Jahuta restil.

c) Sulata pannil või; lisa pekanipähklid ja küpseta madalal kuumusel pruuniks. Jahutage ja ühendage ülejäänud koostisosad . Kasutage kreemipahvakate täitmiseks.

d) Lõika paisu pealt viil ära ja täida see kanatäidisega. Vahetage pealsed välja.

48.Vaarikakreemiga puhmad

KOOSTISOSAD:
- 1 tass vett
- ½ tassi soolamata võid
- 1 tass universaalset jahu
- 4 suurt muna
- ¼ teelusikatäit soola
- 1 tass rasket koort
- ½ tassi vaarikamoosi

JUHISED:
a) Kuumuta ahi temperatuurini 425 °F (220 °C).
b) Aja vesi, sool ja või kastrulis keema.
c) Sega juurde jahu, kuni moodustub ühtlane tainas.
d) Eemaldage kuumusest, laske veidi jahtuda.
e) Lisa ükshaaval munad, iga järel korralikult segades.
f) Tõsta lusikatäied küpsetusplaadile.
g) Küpseta 20-25 minutit.
h) Vahusta koor, kuni moodustuvad tugevad piigid.
i) Lõika puhmad pooleks ning täida vaarikamoosi ja vahukoorega.

49. Sarapuupähkli- ja röstitud vahukommikreemiga pahvakad

KOOSTISOSAD:
SARAPUUPÄHKLI PRALINE:
- 100 g sarapuupähkleid
- 30 g granuleeritud suhkrut
- 12 g vett

PRALIINE KOIGNAKREEM:
- 142 g täispiima
- 75 g pralineepastat
- 230 g koort
- 50 g granuleeritud suhkrut
- 22 g maisitärklist
- 45 g munakollast
- 45 g soolamata võid, toatemperatuuril

CHOUX KÜPSISED:
- 180 g helepruuni suhkrut
- 150 g universaalset jahu
- 30 g mandlijahu
- 85 g soolamata võid, lõigatud ¼-tollisteks tükkideks

PÂTE À CHOUX:
- 250 g vett
- 125 g soolamata võid, toatemperatuuril
- 2,5 g koššersoola
- 138 g universaalset jahu
- 250-275 g muna

VEITSI MEREING:
- 100 g munavalget
- 150 g granuleeritud suhkrut

JUHISED:
SARAPUUPÄHKLI PRALINE:
a) Kuumuta ahi 300 °F-ni. Vooderda ahjuplaat küpsetuspaberiga ja rösti sarapuupähkleid väga kergelt kuldpruuniks. Ärge röstige üle, sest need küpsevad karamelliseerituna edasi.
b) Hõõruge sarapuupähkleid, et eemaldada nende nahk.
c) Segage suhkur ja vesi väikeses kastrulis keskmisel kuumusel. Kuumuta keemiseni ja keeda 1 minut.
d) Lisa soojad sarapuupähklid ja sega, kuni need on ühtlaselt kaetud ja karamelliseerunud.
e) Tõsta karamelliseeritud sarapuupähklid pärgamendi- või silpat-vooderdatud ahjuplaadile täielikult jahtuma.
f) Blenderda 80 g karamelliseeritud sarapuupähkleid, kuni see meenutab maisijahu, seejärel lisa piim ja blenderda ühtlaseks massiks. Tõsta kõrvale ülejäänud 20g karamelliseeritud terveid sarapuupähkleid.

PRALIINE KOIGNAKREEM:
g) Kuumuta pralinee piimasegu ja rõõsk koor potis keskmisel kuumusel pidevalt segades.
h) Sega väikeses kausis suhkur ja maisitärklis, lisa munakollased ja vahusta kahvatuks.
i) Lisage aeglaselt ¼ piimasegust munakollastele, seejärel pange see tagasi kastrulisse ja keetke kuni paksenemiseni.
j) Tõsta tulelt, lisa või ja kurna läbi peene sõela. Jahutage, katke kilega ja hoidke külmkapis 2 tundi või üleöö.

CHOUX KÜPSISED:
k) Segage pruun suhkur, universaalne jahu ja mandlijahu tavalise segisti kausis.
l) Lisa või ja sega, kuni see on segunenud, moodustades mureda segu.
m) Rulli tainas küpsetuspaberi vahel 1/16-tolliseks paksuseks. Külmuta kuni külm.

PÂTE À CHOUX:
n) Kuumuta ahi temperatuurini 375 ° F.
o) Sega kastrulis vesi, või ja sool. Sega, kuni või on sulanud.
p) Segage jahu, kuni tainas tõmbub külgedest eemale ja on läikiv.

q) Tõsta tainas segisti kaussi ja sega madalal kiirusel.
r) Lisa vähehaaval munad, kuni tainas tuleb külgedelt lahti, kuid jääb veidi tagasi.
s) Tõsta tainas kondiitrikotti ja tõmba see malli järgi silpat- või küpsetuspaberile.
t) Asetage küpsised chouxʼi peale ja suruge kergelt kinni.
u) Küpsetage temperatuuril 375 °F, seejärel vähendage temperatuurini 350 °F 30–35 minutit ja seejärel veel 10 minutit temperatuuril 325 °F.

VEITSI MEREING:
v) Sega munavalged ja suhkur keeva vee kohal seisvas mikserikausis. Vahusta, kuni temperatuur on 60°C.
w) Vahusta keskmisel-suurel kiirusel 5–8 minutit, kuni moodustuvad läikivad jäigad tipud.

KOOSTAMINE:
x) Lõika kooretükid ¾ ulatuses üles.
y) Toru pralinee-taignakreem lehtedesse.
z) Toru kondiitrikreemi peale Šveitsi besee.
aa) Rösti besee õrnalt butaanipõleti abil.
bb) Asetage pahvi ülaosa tagasi.
cc) Tõsta peale väike beseetäpp ja kaunista tervete ja poolitatud karamelliseeritud sarapuupähklitega.
dd) Serveeri kohe.

50.Maasikakreemi puhmad

KOOSTISOSAD:
CRAQUELINI JAOKS:
- 150 g pehmendatud võid
- 150 g tuhksuhkrut
- 180 g jahu
- ½ tl vanilli
- 1 tl roosat toiduvärvi

KREEMIPOHUTUSTE KOHTA:
- 1 tass vett
- ½ tassi võid, kuubikuteks
- 1 tass universaalset jahu
- 4 muna

Apelsinikreemi ja maasikatäidise jaoks:
- ½ tassi piima
- ½ tassi koort
- 2 spl suhkrut
- 2 munakollast
- 2 spl suhkrut
- ½ tassi kuubikuteks lõigatud maasikaid

JUHISED:
TEE CRAQUELIN:
a) Vahusta või ja suhkur kahvatuks. Lisa vanilliessents ja roosa toiduvärv. Sega hästi. Lisa jahu ja sega kõik läbi. Rullige pasta küpsetusplaadil 1-tollise paksuseni ja külmutage 30 minutit. Pärast jahutamist lõigake välja 3-tollised helisemaid.
b) Kuumuta ahi 200 kraadini ja vooderda küpsetusplaat küpsetuspaberiga.

VALMISTA KUKKILISE KOND:
c) Aja vesi ja või keema. Tõsta tulelt ja lisa korraga kogu jahu. Segage intensiivselt, kuni moodustub pall. Pange kastrul madalale kuumusele ja keetke 3-5 minutit. Eemaldage kuumusest ja laske jahtuda.
d) Lisa ükshaaval munad, pärast iga lisamist korralikult segades. Tõsta küpsetis torukotti ja küpsetusplaadile torusfäärid.
e) Küpseta 10 minutit, seejärel alanda temperatuur 165°C-ni ja küpseta veel 20 minutit pruuniks. Ärge avage küpsetamise ajal ahju ust.
f) Kuni kuklid jahtuvad, valmista täidis: vahusta kausis munakollased ja suhkur. Hauta kastrulis piim ja koor, seejärel lisa vanill. Lisage piimasegu aeglaselt munakollase segule, pidevalt vahustades. Küpseta, kuni see hakkab pealt mullitama. Eemaldage kuumusest, vajadusel kurnake ja laske jahtuda. Lisa apelsinikoor ja sega hulka kuubikuteks lõigatud maasikad.
g) Täida kreemipunnid apelsini- ja maasikatäidisega. Serveeri kohe. Nautige oma maasikakreemi puhvreid!

51.Sidrunikohupiimakreemi puhmad

KOOSTISOSAD:
- 1 tass vett
- ½ tassi soolamata võid
- 1 tass universaalset jahu
- 4 suurt muna
- ¼ teelusikatäit soola
- 1 tass sidruni kohupiima
- Tolmutamiseks tuhksuhkur

JUHISED:
a) Kuumuta ahi temperatuurini 425 °F (220 °C).
b) Aja vesi, sool ja või kastrulis keema.
c) Sega juurde jahu, kuni moodustub ühtlane tainas.
d) Eemaldage kuumusest, laske veidi jahtuda.
e) Lisa ükshaaval munad, iga järel korralikult segades.
f) Tõsta lusikatäied küpsetusplaadile.
g) Küpseta 20-25 minutit.
h) Jahtunult täida sidruni kohupiimaga.
i) Puista tuhksuhkruga.

52. Sarapuupähklipralineekreemiga puhmad

KOOSTISOSAD:
- 1 tass vett
- ½ tassi soolamata võid
- 1 tass universaalset jahu
- 4 suurt muna
- ¼ teelusikatäit soola
- 1 tass sarapuupähklipralinee pasta
- ¼ tassi hakitud röstitud sarapuupähkleid

JUHISED:
a) Kuumuta ahi temperatuurini 425 °F (220 °C).
b) Aja kastrulis vesi, sool ja või keema.
c) Sega juurde jahu, kuni moodustub ühtlane tainas.
d) Eemaldage kuumusest, laske veidi jahtuda.
e) Lisa ükshaaval munad, iga järel korralikult segades.
f) Tõsta tainas küpsetusplaadile väikesteks helisemaideks.
g) Küpseta 20-25 minutit.
h) Täida sarapuupähklipralinee pastaga.
i) Puista peale hakitud röstitud sarapuupähkleid.

53. Mustikakreemi puhmad

KOOSTISOSAD:
- 1 tass vett
- ½ tassi soolamata võid
- 1 tass universaalset jahu
- 4 suurt muna
- ¼ teelusikatäit soola
- 1 kl mustikamoos
- Tolmutamiseks tuhksuhkur

JUHISED:
a) Kuumuta ahi temperatuurini 425 °F (220 °C).
b) Aja vesi, sool ja või kastrulis keema.
c) Sega juurde jahu, kuni moodustub ühtlane tainas.
d) Eemaldage kuumusest, laske veidi jahtuda.
e) Lisa ükshaaval munad, iga järel korralikult segades.
f) Tõsta lusikatäied küpsetusplaadile.
g) Küpseta 20-25 minutit.
h) Täida kooremoosid mustikamoosiga.
i) Puista tuhksuhkruga.

54. Kookospähkli koorega pahvid

KOOSTISOSAD:

- 1 tass vett
- ½ tassi soolamata võid
- 1 tass universaalset jahu
- 4 suurt muna
- ¼ teelusikatäit soola
- 1 tass kookospähkli kondiitrikreemi
- Kaunistuseks röstitud kookoshelbed

JUHISED:

a) Kuumuta ahi temperatuurini 425 °F (220 °C).
b) Aja vesi, sool ja või kastrulis keema.
c) Sega juurde jahu, kuni moodustub ühtlane tainas.
d) Eemaldage kuumusest, laske veidi jahtuda.
e) Lisa ükshaaval munad, iga järel korralikult segades.
f) Tõsta lusikatäied küpsetusplaadile.
g) Küpseta 20-25 minutit.
h) Täida koorepuhmad kookostaignakreemiga ja kaunista röstitud kookoshelvestega.

55.Espressokastme koorepuffs

KOOSTISOSAD:
PUFFID:
- ½ tassi vett
- ¼ tassi soolatud võid, tükeldatud
- ½ tl granuleeritud suhkrut
- ¼ teelusikatäit soola
- ½ tassi universaalset jahu
- 3 suurt muna, jagatud
- tuhksuhkur, tolmutamiseks

VANILL MASCARPONE KREEM:
- 1 (8 untsi) konteiner mascarpone juustu
- 1 vaniljemaitseline pudingu suupistetops
- 2 spl tuhksuhkrut
- 1 tl vaniljeekstrakti

ŠOKOLAADI-ESPRESSO KASTE:
- 4 untsi kibemagusat šokolaadi, tükeldatud
- ½ tassi rasket vahukoort
- 2 tl jahvatatud espressoube

JUHISED:

a) Kuumuta ahi 400 kraadini ja vooderda ahjuplaat küpsetuspaberiga. Joonistage pärgamendipaberile kuus 2–¼-tollist helisemai, asetades need 2 tolli kaugusele. Pöörake paber küpsetusplaadile ja asetage see kõrvale.

b) Sega kastrulis vesi, või, granuleeritud suhkur ja sool. Kuumuta segu keemiseni. Lisa korraga jahu ja küpseta puulusikaga intensiivselt segades 2 minutit. Eemaldage kuumusest ja laske 5 minutit jahtuda. Lisa ükshaaval 2 muna, pärast iga lisamist puulusikaga korralikult kloppides.

c) Täitke ½-tollise tavalise kondiitriotsikuga kondiitritoodete kott tainaga. Tõsta tainas spiraalide kujul küpsetuspaberile, alustades helisemaide servadest ja liikudes keskkoha poole, tõstes kotti järk-järgult üles. Pintselda taignale ülejäänud lahtiklopitud muna, pindu kergelt siludes.

d) Küpseta 25 kuni 30 minutit või kuni lehed on kuldpruunid ja kõvad. Torka igasse saia sisse puust hambaorki, et aur välja pääseks. Tõsta need restile jahtuma.

e) Valmistage ette vanillimascarpone kreem: segage keskmises kausis mascarpone juust, vaniljepudingu suupistetops, tuhksuhkur ja vaniljeekstrakt. Kõrvale panema.

f) Valmistage šokolaadi-espressokaste: asetage šokolaad väikesesse kuumakindlasse kaussi ja asetage see kõrvale. Kombineerige koor ja espressooad mikrolaineahjus kasutatavas kausis. Küpseta mikrolaineahjus kõrgel temperatuuril 1 minut või kuni keema hakkab. Kurna segu läbi peene sõela, mis on asetatud šokolaadikausi kohale, et eemaldada espresso kuivaine.

g) Lase šokolaadi-espresso segul 1 minut seista, seejärel vahusta ühtlaseks.

h) Lõika kreemipunnid risti pooleks. Tõsta lusikaga vanilje-mascarpone kreem alumistele pooltele. Vahetage pealsed. Vala peale šokolaadi-espressokaste. Soovi korral sõelu need lisaks tuhksuhkruga.

56. Chai kreemjas pahvid

KOOSTISOSAD:
PATEEDI JAOKS CHOUX
- 1 tass vett
- ½ tassi võid, kuubikuteks lõigatud
- ½ tl soola
- 1 spl suhkrut
- 1 tass jahu
- 4 muna

CHAI-VAHUKOORE TÄIDISEKS
- 1 ½ tassi rasket koort
- ¼ tassi chai kontsentraati
- ¾ tassi valge šokolaadi laastud, sulatatud
- Jahvatatud kaneel

JUHISED:
PATEEDI JA CHOUX:
a) Kuumuta ahi temperatuurini 425 ° F.
b) Vooderda ahjuplaat küpsetuspaberiga ja tõsta kõrvale. Sega keskmisel kuumusel keskmises kastrulis vesi, või, sool ja suhkur.
c) Hauta, kuni või on sulanud ja segu kergelt keeb. Tõsta segu tulelt ja sega puulusikaga hulka jahu. Aseta segu uuesti tulele ja jätka segamist, kuni segu hakkab panni külgedelt lahti tulema ja tekib pall.
d) Eemaldage tulelt ja laske segul 4-5 minutit jahtuda. Sega ükshaaval juurde munad. Segu võib iga lisamisega puruneda või lahti tulla, kuid enne täiendava muna lisamist peaks see uuesti kokku tulema. Teie küpsetis peaks olema läikiv ja ühtlase konsistentsiga.
e) Viige see suure ümmarguse otsaga torukotti (nt sidur) ja toruge see umbes 2 tolli kaugusel küpsetusplaadile. Kasutage väikest kogust vett, et siluda iga taignamäe tipud.
f) Küpsetage 10 minutit temperatuuril 425 ° F, seejärel vähendage ahju temperatuuri 375 ° F-ni ja küpsetage 15-20 minutit või kuni kuldpruunini. Enne täitmist lase koortel täielikult jahtuda.

CHAI-VAHUKOORE TÄIDISEKS:
g) Enne käivitamist veenduge, et kõik oleks külm, sealhulgas mikseri kauss.
h) Vahusta vispliga varustatud segistis koort keskmisel või suurel kiirusel, kuni moodustuvad jäigad tipud. Vahusta chai kontsentraat, kuni see on lihtsalt segunenud.
i) Jahutage segu külmkapis kuni vajaduseni.

KOOSTAMA:
j) Täitke suure ümmarguse otsaga torukott (nt Wilton 12) chai vahukoore täidisega.
k) Sisestage torukoti ots jahtunud koorekoti põhja. Toru täidis jahtunud kesta, kuni see hakkab kergelt välja immitsema.
l) Kasta täidisega koorepahmakad sulatatud valgesse šokolaadi ja puista jahvatatud kaneeliga. Nautige!

57.Mandlikreemi puhmad

KOOSTISOSAD:
- 1 tass vett
- ½ tassi soolamata võid
- 1 tass universaalset jahu
- 4 suurt muna
- ¼ teelusikatäit soola
- 1 tass mandli kondiitrikreemi
- Kaunistuseks viilutatud mandlid

JUHISED:
a) Kuumuta ahi temperatuurini 425 °F (220 °C).
b) Aja kastrulis vesi, sool ja või keema.
c) Sega juurde jahu, kuni moodustub ühtlane tainas.
d) Eemaldage kuumusest, laske veidi jahtuda.
e) Lisa ükshaaval munad, iga järel korralikult segades.
f) Tõsta tainas küpsetusplaadile väikesteks helisemaideks.
g) Küpseta 20-25 minutit.
h) Täida lehed mandlitaignakreemiga.
i) Kaunista viilutatud mandlitega.

ECLAIRS

58. Mini šokolaadi ekleerid

KOOSTISOSAD:
- 1 leht lehttainast, sulatatud
- 1 tass täispiima
- 2 spl soolata võid
- 2 spl universaalset jahu
- 2 spl kakaopulbrit
- 2 supilusikatäit granuleeritud suhkrut
- Näputäis soola
- 2 suurt muna
- 1 tass rasket koort
- 2 spl tuhksuhkrut
- Katteks šokolaadi ganache või sulašokolaad (valikuline)

JUHISED:
a) Kuumuta ahi temperatuurini 400 °F (200 °C).
b) Rullige üles sulatatud lehttaignaleht ja lõigake see väikesteks ristkülikuteks, mis on umbes 3 tolli pikkused ja 1 tolli laiused.
c) Aseta ristkülikud küpsetuspaberiga kaetud ahjuplaadile.
d) Kuumuta potis piima ja võid keskmisel kuumusel, kuni või sulab ja segu keeb.
e) Vahusta eraldi kausis jahu, kakaopulber, granuleeritud suhkur ja sool.
f) Lisa kuivsegu vähehaaval keevale piimale, pidevalt vispeldades, kuni segu pakseneb ja tõmbub panni külgedelt eemale.
g) Tõsta kastrul tulelt ja lase veidi jahtuda.
h) Lööge ükshaaval sisse munad, veendudes, et iga muna on enne järgmise lisamist täielikult segunenud.
i) Viige segu ümara otsaga torukotti.
j) Tõsta segu ettevalmistatud taignaristkülikutele, moodustades keskele joone.
k) Küpseta ekleere eelkuumutatud ahjus 15-20 minutit või kuni need on kuldpruunid ja paisunud.
l) Eemaldage ahjust ja laske neil täielikult jahtuda.
m) Vahusta segamisnõus koor ja tuhksuhkur, kuni moodustuvad tugevad piigid.
n) Lõika jahtunud ekleerid horisontaalselt pooleks ja alumisele poolele toruga või lusikaga vahukoort.
o) Aseta ekleeride ülemised pooled tagasi kreemi peale.
p) Valikuline: nirista šokolaadi ganache või sulašokolaadiga, et lisada maitset.
q) Serveerige neid maitsvaid mini-šokolaadiekleere meeldiva kondiitritoodetena.

59.Küpsised ja koor Éclairs

KOOSTISOSAD:
CHOUX SAIA JAOKS:
- 1 tass vett
- ½ tassi soolamata võid
- 1 tass universaalset jahu
- ½ tl soola
- 1 spl suhkrut
- 4 suurt muna

KÜPSISTE JA KREEMI TÄIDISEKS:
- 1 ½ tassi rasket koort
- ¼ tassi tuhksuhkrut
- 1 tl vaniljeekstrakti
- 10 šokolaadi võileivaküpsist, purustatud

ŠOKOLAADIGANAŠE JUURDE:
- 1 tass poolmagusaid šokolaaditükke
- ½ tassi rasket koort
- 2 spl soolata võid

JUHISED:
CHOUX KÜPSETIS:
a) Kuumuta ahi temperatuurini 425 °F (220 °C). Vooderda ahjuplaat küpsetuspaberiga.
b) Sega kastrulis keskmisel kuumusel vesi, või, sool ja suhkur. Kuumuta keemiseni.
c) Eemaldage tulelt ja segage kiiresti jahu, kuni moodustub tainas.
d) Pane pann madalale tulele ja küpseta tainast pidevalt segades 1-2 minutit, et see kuivaks.
e) Tõsta tainas suurde segamisnõusse. Lase paar minutit jahtuda.
f) Lisa ükshaaval munad, pärast iga lisamist korralikult kloppides, kuni tainas on ühtlane ja läikiv.
g) Tõsta tainas suure ümara otsaga torukotti. Toruge ettevalmistatud küpsetusplaadile 4-tollised pikad ribad.
h) Küpsetage 15 minutit temperatuuril 425 °F, seejärel vähendage temperatuuri 190 °C-ni (375 °F) ja küpsetage veel 20 minutit või kuni see on kuldpruun. Lase täielikult jahtuda.

KÜPSISED JA KREEEMITÄIDIS:
i) Vahusta vahukoor segamisnõus, kuni moodustuvad pehmed tipud.
j) Lisa tuhksuhkur ja vaniljeekstrakt. Jätka vahustamist, kuni moodustuvad jäigad tipud.
k) Voldi õrnalt sisse purustatud šokolaadiküpsised.

ŠOKOLAADIGANAŠE:
l) Aseta šokolaaditükid kuumakindlasse kaussi.
m) Kuumuta potis koort, kuni see hakkab lihtsalt podisema.
n) Vala kuum koor šokolaadile ja lase seista minut aega.
o) Sega ühtlaseks, seejärel lisa või ja sega kuni sulamiseni.

KOOSTAMINE:
p) Lõika iga jahtunud ekleer horisontaalselt pooleks.
q) Tõsta lusikaga või toruga küpsised ja kreemitäidis iga ekleeri alumisele poolele.
r) Aseta ekleeri ülemine pool täidisele.
s) Kasta iga ekleeri ülaosa šokolaadi ganache sisse või tõsta ganache lusikaga peale.
t) Lase ganache'il paar minutit taheneda.
u) Soovi korral puista peale kaunistuseks veel purustatud küpsiseid.
v) Serveeri ja naudi kreemja täidise ja rikkaliku šokolaadiga ganache'i mõnusat kombinatsiooni igas küpsises ja koores Éclairis!

60.Šokolaadi sarapuupähkli Éclairs

KOOSTISOSAD:
CHOUX SAIA JAOKS:
- 1 tass vett
- ½ tassi soolamata võid
- 1 tass universaalset jahu
- 4 suurt muna

TÄIDISEKS:
- 2 tassi saiakreemi
- ½ tassi Nutellat (sarapuupähklimääre)

ŠOKOLAADI SARAPUUPÄHKLIGANAŠE JUURDE:
- 1 tass tumedat šokolaadi, tükeldatud
- ½ tassi rasket koort
- ¼ tassi sarapuupähkleid, hakitud (kaunistuseks)

JUHISED:
CHOUX KÜPSETIS:
a) Sega kastrulis vesi ja või. Kuumuta keemiseni.
b) Lisa jahu ja sega intensiivselt, kuni segu moodustab palli. Eemaldage kuumusest.
c) Laske tainal veidi jahtuda, seejärel lisage ükshaaval munad, segades pärast iga lisamist korralikult läbi.
d) Tõsta tainas torukotti ja toru ekleerid ahjuplaadile.
e) Küpseta eelkuumutatud ahjus 375°F (190°C) juures 25-30 minutit või kuni kuldpruunini.

TÄITMINE:
f) Kui ekleerid on jahtunud, lõigake need horisontaalselt pooleks.
g) Sega Nutella kondiitrikreemi hulka, kuni see on hästi segunenud.
h) Täida iga ekleer šokolaadikoti või lusika abil sarapuupähklitäidisega.

ŠOKOLAADI SARAPUUPÄHKLIGANAŠE:
i) Kuumuta koort kastrulis, kuni see hakkab lihtsalt podisema.
j) Vala kuum koor tükeldatud tumedale šokolaadile. Laske seista minut, seejärel segage ühtlaseks massiks.
k) Kasta iga ekleeri ülaosa šokolaadi sarapuupähkli ganache'i, tagades ühtlase katte.
l) Kaunistuseks puista peale hakitud sarapuupähkleid.
m) Enne serveerimist lase ganache'il umbes 15 minutit taheneda.
n) Nautige oma dekadentlikku Šokolaad Hazelnut Éclairs'i!

61.Oranž Éclairs

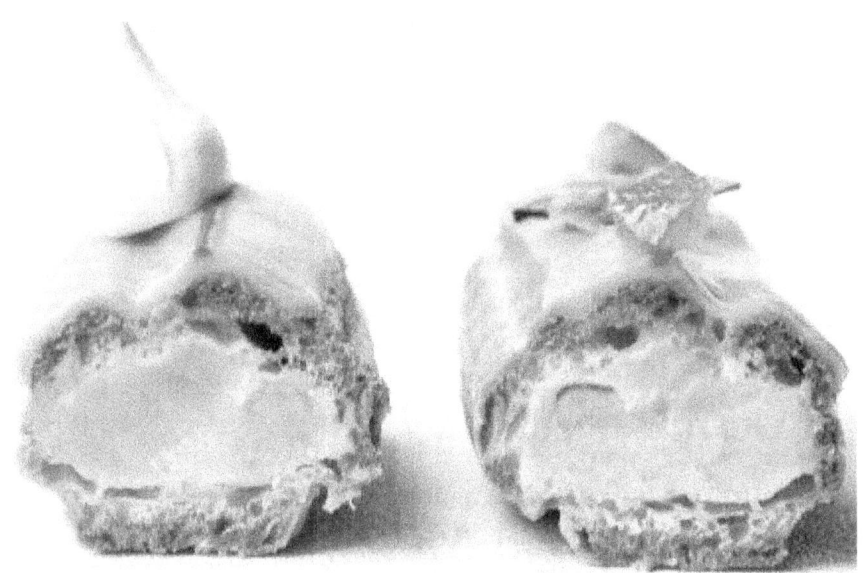

KOOSTISOSAD:
ÉCLAIRS:
- 3 spl 70% peti-taimeõlimääret
- ¼ teelusikatäit soola
- ¾ tassi universaalset jahu
- 2 muna
- 1 munavalge

KONDIITRIKREEM:
- ⅔ tassi 1% madala rasvasisaldusega piima
- 3 supilusikatäit suhkrut
- 4 tl universaalset jahu
- 2 tl maisitärklist
- ⅛ teelusikatäis soola
- 1 munakollane
- 1 tl 70% peti-taimeõlimääret
- 2 tl riivitud apelsinikoort
- 1 tl apelsini ekstrakti
- ½ tl vanilli
- 12 tassi külmutatud rasvavaba, piimavaba vahustatud kate, sulatatud

ŠOKOLAADI GLASE:
- ¼ tassi madala rasvasisaldusega magustatud kondenspiima
- 2 spl magustamata kakaopulbrit
- 2-4 tl vett (vajadusel)

JUHISED:
ÉCLAIRS:
a) Sega väikeses kastrulis taimeõlimääre, sool ja ¾ tassi vett. Kuumuta keemiseni. Eemaldage kuumusest.
b) Lisa korraga jahu ja sega kiiresti puulusikaga, kuni segu on palliks.
c) Asetage kastrul 3-4 minutiks madalale kuumusele, et tainas kuivaks, segades pidevalt puulusikaga. Tainas peaks olema pehme ja mitte kleepuv.
d) Tõsta tainas köögikombaini või tugeva elektrimikseri suurde kaussi. Jahuta 5 minutit.

e) Lisa ükshaaval munad ja munavalge, segades pärast iga lisamist täiesti ühtlaseks.
f) Katke küpsetusplaat mittenakkuva pihustiga. Täida suur kondiitritoode (ilma otsata) tainaga. Pigista küpsetusplaadile välja 8 ekleeri, millest igaüks on 1 tolli läbimõõduga ja 4 tolli pikk. Laske neil kuivada vähemalt 10 minutit.
g) Kuumuta ahi temperatuurini 375 ° F. Küpseta 35–40 minutit või kuni see on kuldne ja täielikult küpsenud. Tõsta restile jahtuma.

KONDIITRIKREEM:
h) Segage väikeses kastrulis piim, suhkur, jahu, maisitärklis ja sool, kuni see on segunenud.
i) Kuumuta keskmisel kuumusel pidevalt segades, kuni segu keeb ja pakseneb 4-5 minutit.
j) Eemaldage kuumusest. Klopi väikeses kausis kergelt lahti munakollane. Vispelda vähehaaval juurde umbes ¼ tassi kuuma piimasegu.
k) Klopi munakollasesegu pannil tagasi piimasegu hulka. Pane pann tagasi keskmisele-madalale tulele ja vahusta segu, kuni see hakkab umbes 30 sekundit podisema. Eemaldage kuumusest.
l) Segage taimeõlimääret, koort ning apelsini- ja vaniljeekstrakte, kuni see on ühtlane ja sulanud. Tõsta kaussi.
m) Vajutage kile otse pinnale. Jahutage toatemperatuurini, seejärel jahutage põhjalikult külmkapis umbes 2 tundi.
n) Voldi sisse vahustatud kate. Hoia kokkupanemiseks valmis külmkapis.

ÉCLAIRI KOOSTAMINE:
o) Lõika iga ekleer pikuti pooleks.
p) Tõsta igasse ekleeripõhja umbes 3 spl kondiitrikreemi. Vahetage pealsed välja.

ŠOKOLAADI GLASE:
q) Sega väikeses kastrulis kondenspiim ja kakaopulber.
r) Kuumuta tasasel tulel pidevalt segades, kuni segu mullitab ja pakseneb, 1-2 minutit.
s) Määri ekleeride ülaosale. Kui glasuur on liiga paks, lahjenda 2-4 tl veega.
t) Serveeri kohe ja naudi neid maitsvaid Éclairs à l'Orange'i!

62. Passion Fruit Éclairs

KOOSTISOSAD:
ÉCLAIRSI KOHTA:
- ½ tassi soolata võid
- 1 tass vett
- 1 tass universaalset jahu
- ¼ teelusikatäit koššersoola
- 4 muna

Passionivilja saiakreemi jaoks:
- 6 kannatusvilja (mahlaga)
- 5 munakollast
- ⅓ tassi maisitärklist
- ¼ teelusikatäit koššersoola
- ⅔ tassi granuleeritud suhkrut
- 2 tassi täispiima
- 1 spl Võid

JUHISED:
ÉCLAIRSI KOHTA:
a) Kuumuta ahi temperatuurini 425 ° F.
b) Aja pliidil suures potis vesi ja või keema.
c) Segage soola ja pärast lahustumist lisage jahu, segades kuni moodustub želatiinne pall.
d) Tõsta kuum tainas segamisnõusse ja lase 2 minutit jahtuda.
e) Lisa ükshaaval munad, sega, kuni see on täielikult segunenud.
f) Tõsta tainas torukotti.
g) Tõsta pärgamendiga vooderdatud ahjuplaadile 3-tollised taignatorud.
h) Küpseta kuldpruuniks, umbes 20-25 minutit.
i) Laske ekleeridel jahtuda ja jagage need siis pooleks, asetades täidise poolte vahele, või kasutage kondiitrikotti, et täidis sees torustada.

Passionivilja saiakreemi jaoks:
j) Valage kannatusviljadest mahl, seemnete eemaldamiseks kurnake.
k) Sega kausis munakollased, maisitärklis, sool ja suhkur.
l) Lisa pidevalt vahustades munasegule järk-järgult kuum piim, et vältida vahustamist.
m) Vala segu tagasi kastrulisse ja kuumuta keskmisel kuumusel, kuni see pakseneb nagu puding.
n) Eemaldage kuumusest, lisage kuumale kondiitrikreemile passioniviljamahl ja või, segades, kuni see on täielikult segunenud.
o) Laske kondiitrikreemil toatemperatuuril jahtuda, seejärel hoidke kilega kaetult kuni 3 päeva külmkapis.
p) Kui olete kokkupanemiseks valmis, tõsta jahtunud kondiitrikreem kondiitrikotti, viiluta ekleer ja täida seest koorega.

63. Täisterast puuviljased Éclairs

KOOSTISOSAD:
CHOUX KÜPSETIS:
- ½ tassi vett
- ¼ tassi soolamata võid
- Näputäis soola
- ¼ tassi universaalset jahu
- ¼ tassi täistera nisujahu
- 2 tükki terveid mune

TÄITMINE:
- 1 tass rasvavaba piima või piimavaba pähklipiima
- 2 spl stevia suhkrusegu
- 1 tükk munakollast
- 2 supilusikatäit maisitärklist
- Näputäis soola
- 1 tl vanilli
- ½ tassi vahukoort
- Katteks värsked puuviljad

JUHISED:
a) Kuumuta ahi temperatuurini 375 °F/190 Määri ja vooderda üks küpsiseleht.
b) Sega kastrulis vesi, või ja sool. Kuumuta kuni või sulab ja vesi keeb. Alandage kuumust. Lisa jahu ja sega intensiivselt, kuni segu panni külgedelt lahkub. Eemaldage kuumusest ja jahutage veidi. Puulusikaga; klopi ükshaaval sisse munad ühtlaseks.
c) Jätka peksmist, kuni see on väga sile ja läikiv. Tõsta segu kondiitrikotti. Toruge välja umbes 3 tolli pikkused ja 2 tolli vahega ribad. Küpseta 375F juures 30-45 minutit; jätka küpsetamist, kuni ekleerid on pruunid ja täielikult kuivanud. Jahuta restidel.

VALMISTA KREEMITÄIDIS:
d) Sega kastrulis suhkur, maisitärklis, sool, piim ja munakollased. Kuumuta keskmisel-madalal kuumusel pidevalt segades, kuni segu pakseneb. Eemaldage kuumusest. Sega juurde vanill. Pane külmkappi jahtuma.
e) Kui vanillikaste on jahtunud, sega ettevaatlikult sisse vahukoor. Asetage torukotti.

KOOSTAMA:
f) Täida saiakesed kreemitäidisega ja kaunista värskete puuviljadega.
g) Serveeri.

64. Passion Fruit & Raspberry Éclairs

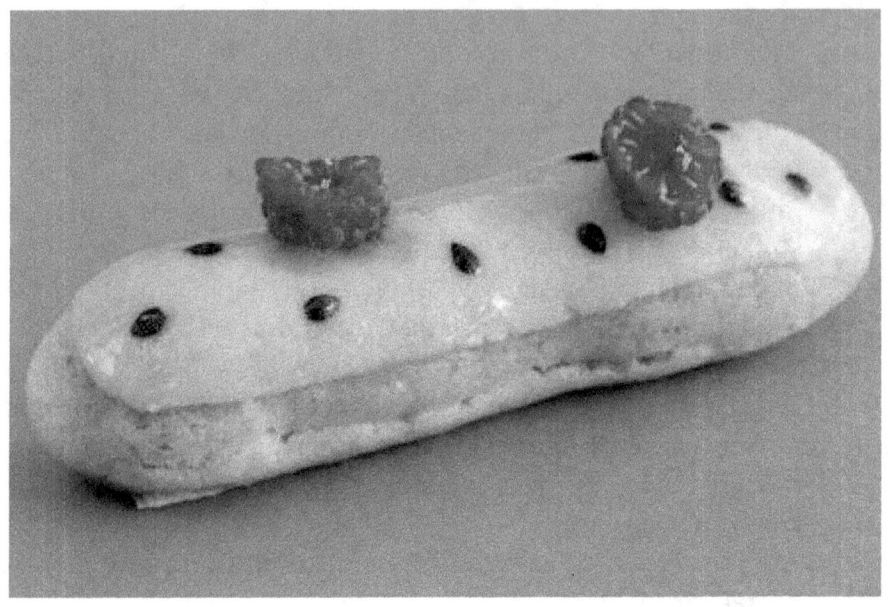

KOOSTISOSAD:
NEUTRAALGLAASI KOHTA:
- 125 g vett
- 5 g NH-pektiini (1 teelusikatäis)
- 30 g granuleeritud suhkrut
- 100 g granuleeritud suhkrut
- 8 g glükoosisiirupit

KIRKUPUUVILJAKREEMI PUHUL:
- 75 g Passioni puuviljamahla (umbes 7 puuvilja)
- 10 g sidrunimahla
- 1 g želatiini
- 105 g muna (~2)
- 85 g granuleeritud suhkrut
- 155 g võid (toatemperatuur)

VAARIKA KONFIDI KOHTA:
- 60 g granuleeritud suhkrut
- 4 g pektiini (peaaegu teelusikatäis)
- 90 g vaarikamahla
- 30 g glükoosisiirupit
- 20 g sidrunimahla

CHOUX SAIA JAOKS:
- 85 g piima
- 85 g vett
- 1 näputäis soola
- 85 g soolamata võid
- 85 g leivajahu
- 148 g muna
- 3 g suhkrut
- 1 vanilje ekstrakt

DEKORATSIOON:
- 100 g mandlipastat (50% mandlitega)
- Kollane värv (vastavalt vajadusele)
- Oranž värv (vastavalt vajadusele)
- Kuldne toidusära (valikuline)
- 20 värsket vaarikat

JUHISED:

NEUTRAALGLAASI KOHTA:
a) Sega 30g suhkrut pektiiniga.
b) Kuumuta potis vesi, lisa pidevalt segades suhkur ja pektiin.
c) Lisa pidevalt segades ülejäänud suhkur ja glükoos ning kuumuta keemiseni.
d) Kurna segu ja hoia enne kasutamist vähemalt 24 tundi külmkapis.

KIRKUPUUVILJAKREEMI PUHUL:
e) Lõika kannatusviljad kaheks, eralda viljaliha ja kurna mahla saamiseks.
f) Lase želatiinil passionimahlas 5 minutit õitseda.
g) Sega passionimahl, sidrunimahl, suhkur ja munad kausis keeva vee kohal, vahustades kuni paksenemiseni.
h) Jahuta koor kiiresti temperatuurini 45 °C, seejärel lisa kaks korda sukelmiksriga segades tükeldatud või. Tõsta torukotti külmkappi.

VAARIKA KONFIDI KOHTA:
i) Segage ja kurnake värsked vaarikad seemnete eemaldamiseks (kogukaal pärast seda sammu peaks olema 90 g).
j) Keeda vaarikamahl, sega suhkur ja pektiin, lisa vaarikatele ja kuumuta keemiseni. Hoia vajaduseni külmkapis.

CHOUX SAIA JAOKS:
k) Keeda kastrulis piim, vesi, sool ja või. Veenduge, et või oleks täielikult sulanud.
l) Tõsta tulelt, lisa jahu, sega ja pane pann uuesti tulele, kloppides seni, kuni tainas tuleb külgedelt lahti ja jätab põhjale õhukese kile.
m) Tõsta tainas kaussi, lase jahtuda ja lisa ükshaaval munad, kuni see muutub läikivaks, kuid tugevaks. Tõsta 11 cm triibud võiga määritud või küpsetuspaberiga vooderdatud ahjuplaadile.
n) Kuumuta ahi 250°C-ni, lülita see välja ja jäta plaadile 12-16 minutiks sisse. Lülitage ahi sisse 160 kraadini ja küpsetage veel 25-30 minutit.

ÉCLAIRSIDE KOOSTAMINE:
o) Tee küpsetatud ekleeride põhja noaotsaga kolm auku.

p) Täida ekleerid väikese koguse vaarika confitiga, seejärel täida need passioniviljakreemiga.

q) Töötage mandlipastat värviga, et saada soe kollane värv, lõigake see ékleeri kujuliseks.
r) Kuumutage 120g neutraalset glasuuri vedelaks (mitte üle 40°C).
s) Pintselda ekleeride ülaosa neutraalse glasuuriga ja kleebi peale mandlipasta kate.
t) Lisa ülejäänud glasuurile kuldset sädelust, glasuuri peale mandlipastat, seejärel lisa viilutatud vaarikad ja näpuotsaga järelejäänud vaarikakonfitit.

65. Cappuccino Éclairs

KOOSTISOSAD:
- 1 partii omatehtud või poest ostetud eclair-taignakarpe
- 1 tass rasket koort
- 2 spl lahustuva kohvi graanuleid
- ¼ tassi tuhksuhkrut
- ½ tl vaniljeekstrakti
- ¼ tassi kakaopulbrit (tolmutamiseks)

JUHISED:
a) Valmista ekleeritaigna kestad retsepti või pakendi juhiste järgi ja lase jahtuda.
b) Lahustage lahustuva kohvi graanulid väikeses kausis mõnes supilusikatäies kuumas vees. Laske sellel jahtuda.
c) Vahusta eraldi kausis koor, tuhksuhkur ja vaniljeekstrakt, kuni moodustuvad tugevad piigid.
d) Sega kohvisegu õrnalt vahukoore hulka.
e) Lõika iga ekleerikoor horisontaalselt pooleks ja täitke need kohvimaitselise vahukoorega.
f) Puista ekleeride pealsed kakaopulbriga üle.
g) Serveeri ja naudi omatehtud cappuccino ekleere!

66.Pistaatsia sidruni Éclairs

KOOSTISOSAD:

Suhkrustatud sidrunite jaoks (valikuline):
- 10 sunquats (mini sidrunid)
- 2 tassi vett
- 2 tassi suhkrut

PISTAATSIAPASTA KOHTA:
- 60 g koorimata pistaatsiapähkleid (röstimata)
- 10 g viinamarjaseemneõli

PISTAATSIA-SIDRUNI VAHUKREEMI KOHTA:
- 500 g piima
- 2 sidruni koor
- 120 g munakollast
- 120 g suhkrut
- 40 g maisitärklist
- 30 g pistaatsiapastat (või 45 g poest ostetud)
- 120 g pehmet võid (kuubikuteks lõigatud)

PISTAATSIAPARTSIPANI JAOKS:
- 200 g martsipani
- 15 g pistaatsiapastat
- Roheline toiduvärv (geel)
- Natuke tuhksuhkrut

CHOUX SAIA jaoks :
- 125 g võid
- 125 g piima
- 125 g vett
- 5 g suhkrut
- 5 g soola
- 140 g jahu
- 220 g muna

GLAASI KOHTA:
- 200 g nappage neutri (neutraalne tarretisglasuur)
- 100 g vett
- Roheline toiduvärv (geel)

KAUNISTUSEKS:
- Jahvatatud pistaatsiapähklid

JUHISED:
Suhkrustatud sidrunid (valikuline):
a) Valmistage jäävann (kastrul vee ja jääga) ja asetage see kõrvale.
b) Lõika sidrunist õhukesed viilud terava noaga. Visake seemned ära.
c) Teises kastrulis lase vesi keema. Tõsta tulelt ja lisa sidruniviilud kohe kuuma vette. Sega, kuni viilud pehmenevad (umbes minut).
d) Kalla kuum vesi läbi sõela välja, seejärel pane sidruniviilud sekundiks jäävanni. Valage sõela abil välja jäine vesi.
e) Sega suures potis kõrgel kuumusel vesi ja suhkur. Sega, kuni suhkur sulab, seejärel kuumuta keemiseni.
f) Alandage kuumust keskmisele tasemele ja asetage sidruniviilud vette tangide abil, et need hõljuks. Küpseta madalal kuumusel, kuni koor muutub läbipaistvaks, umbes 1½ tundi.
g) Eemaldage sidrunid tangide abil ja asetage need jahutusrestile. Pane jahutusresti alla tükk küpsetuspaberit, et sidruniviiludelt maha tilkuv siirup kinni püüda.

PISTAATSIAPAST:
h) Kuumuta ahi 160°C-ni (320°F).
i) Rösti pistaatsiapähkleid küpsetusplaadil umbes 7 minutit, kuni need kergelt pruunistuvad. Laske neil jahtuda.
j) Jahuta jahtunud pistaatsiapähklid väikeses köögikombainis pulbriks. Lisage õli ja jahvatage uuesti, kuni see muutub pastaks. Hoidke seda kuni kasutamiseni külmkapis.
k) Pistaatsia-sidruni vahukreem:
l) Aja piim keema. Lülitage kuumus välja, lisage sidrunikoor, katke kaanega ja laske 10 minutit seista.
m) Sega kausis munakollased ja suhkur. Vahusta kohe, seejärel lisa maisitärklis ja vahusta uuesti.
n) Lisa vahustades soe piim. Vala segu läbi sõela puhtasse kastrulisse, visates ära sõela jäänud sidrunikoor.
o) Kuumuta keskmisel kuumusel ja vahusta, kuni segu pakseneb ja muutub kreemjaks. Eemaldage kuumusest.
p) Tõsta koor pistaatsiapastat sisaldavasse kaussi. Vahusta ühtlaseks vahuks. Katke kilega, et vältida kooriku moodustumist ja jahutage.
q) Kui koor saavutab 40 °C (104 °F), lisage järk-järgult pehme või ja segage hästi. Katke kilega ja jahutage.

CHOUX KÜPSETIS:
r) Sõeluge jahu ja asetage see kõrvale.
s) Lisa kastrulisse või, piim, vesi, suhkur ja sool. Kuumuta keskmisel kuumusel, kuni või sulab ja segu keeb.
t) Tõsta tulelt, lisa kohe korraga jahu ja sega korralikult, kuni moodustub ühtlane, kartulipudru meenutav segu. See on panade segu.
u) Kuivatage panaad madalal kuumusel spaatliga segades umbes minut, kuni see hakkab kastruli külgedelt tagasi tõmbuma ja taheneb.
v) Tõsta panaad segamisnõusse ja jahuta veidi. Kloppige eraldi kausis lahti munad ja lisage need järk-järgult mikserisse, oodake, kuni iga lisand seguneb, enne kui lisate.
w) Segage madalal ja keskmisel kiirusel, kuni tainas on ühtlane, läikiv ja stabiilne.
x) Kuumuta ahi 250°C-ni (480°F). Kata ahjuplaat küpsetuspaberi või õhukese võikihiga.
y) Tõsta alusele 12 cm pikkused taignaribad. Ärge avage küpsetamise ajal ahju ust.
z) 15 minuti pärast avage ahjuuks veidi (umbes 1 cm), et aur väljuks. Sulgege see ja seadke temperatuur 170 °C (340 °F). Küpseta 20-25 minutit, kuni ekleerid on pruunid.
aa) Korrake ülejäänud taignaga.

PISTAATSIA MARTSIPAN:
bb) Lõika martsipan kuubikuteks ja sega lameda vispliga pehmeks ja ühtlaseks. Lisa pistaatsiapasta ja roheline toiduvärv (soovi korral) ning sega ühtlaseks.
cc) Rulli martsipan 2 mm paksuseks ja lõika ekleeridele sobivateks ribadeks.

KOOSTAMINE:
dd) Lõika iga ékleeri põhja kaks väikest auku.
ee) Täida iga eclair läbi aukude pistaatsia-sidrunikreemiga.
ff) Pintselda iga martsipaniriba ühele küljele veidi glasuuri ja kinnita see ekleeride külge.
gg) Kasta iga ekleer glasuuri sisse, lastes üleliigsel glasuuril maha tilkuda.

hh) Kaunista suhkrustatud sidruniviilude või hakitud pistaatsiapähklitega.
ii) Tõsta serveerimiseks külmkappi.

67.vahtraglasuuritud Éclairs

KOOSTISOSAD:
ECLAIR SHELLS:
- ½ tassi piima
- ½ tassi vett
- 2 supilusikatäit valget granuleeritud suhkrut
- ¼ teelusikatäit soola (kui kasutate soolavõid, vähendage näputäis)
- ½ tassi soolamata võid
- ½ tl vaniljeekstrakti
- 1 ¼ tassi universaalset jahu, lusikaga ja tasandatud
- 4 suurt muna

GLASE:
- ⅔ tassi glasuuri/kondiitri suhkrut
- 3 supilusikatäit vahtrasiirupit

TOPPING:
- ½ tassi hakitud kreeka pähkleid või pekanipähklit
- Fleur de sel soola puistamine

MASCARPONE VAHUKOOR:
- 1 tass mascarponet
- ⅔ tassi tugevat vahukoort
- ¼ tassi valget suhkrut
- 2 spl vahtrasiirupit

JUHISED:
ECLAIR SHELLIDE KOHTA:
a) Kuumuta ahi temperatuurini 450 °F, ülemises ja alumises kolmandikus olevad restid. Vooderda kaks ahjuplaati küpsetuspaberiga.
b) Sega keskmisel kuumusel keskmises kastrulis piim, vesi, suhkur, sool ja või. Kuumuta segu keemiseni, vispelda hulka vanill ja lisa korraga jahu. Sega, kuni segu poti servast eemaldub.
c) Vähendage kuumust ja jätkake pidevalt segades küpsetamist umbes 3 minutit, et niiskust eemaldada. Tõsta tulelt ja tõsta segamisnõusse või statiivimikseri kaussi.
d) Segage 2-3 minutit, et segu jahtuda. Lisa ükshaaval munad, pärast iga lisamist korralikult vahustades. Tõsta segu torukotti ja lase 20 minutit seista.
e) Torutage tainas umbes 5–6 tolli pikkusteks ja 1 tolli laiusteks palgideks, jättes nende vahele võrdse ruumi. Veenduge, et need ei oleks liiga õhukesed, kuna need vajavad hilisemaks viilutamiseks paksust.
f) Asetage eelsoojendatud ahju ja VÄHENDAGE KUUMUST KOHE 350 °F-ni. Küpseta 35–40 minutit, kuni see on kuldne, paisunud ja krõbe. Jahuta restil.

GLASUURI KOHTA:
g) Enne glasuurimist lõika ekleerid peaaegu läbi, jättes ühele küljele "hinge". Sega väikeses kausis tuhksuhkur vahtrasiirupiga, kuni moodustub õhuke glasuur.
h) Pintselda glasuur ekleeri peale ja puista kohe peale hakitud kreeka pähkleid ja soovi korral näpuotsaga soola. Lase toatemperatuuril seista, kuni glasuur hangub.

TÄIDISEKS:
i) Sega suures kausis või vispliga varustatud mikseri kausis mascarpone, vahukoor, suhkur ja vahtrasiirup.
j) Vahusta, kuni segu pakseneb ühtlaseks konsistentsiks. Asetage torukotti ja täitke iga ekleer. (Täidise saab valmistada ette, katta, jahutada ja serveerimisele lähemale torusse panna.)
k) Täidetud ekleerid säilivad külmkapis katmata hästi suurema osa päevast.

CRASSANTID

68.Mini mandli sarvesaiad

KOOSTISOSAD:
- 6 mini croissanti
- ½ tassi mandlipastat
- ¼ tassi soolamata võid, pehmendatud
- ¼ tassi tuhksuhkrut
- ½ tl mandli ekstrakti
- Katteks tükeldatud mandlid
- tuhksuhkur tolmutamiseks (valikuline)

JUHISED:
a) Kuumuta ahi temperatuurini 350 °F (175 °C).
b) Lõika minisarvesaiad pikuti pooleks.
c) Sega kausis mandlipasta, pehme või, tuhksuhkur ja mandliekstrakt, kuni see on hästi segunenud ja ühtlane.
d) Määri iga sarvesaia alumisele poolele rikkalik kogus mandlipasta segu.
e) Aseta sarvesaia ülemine pool tagasi täidise peale.
f) Puista iga sarvesaia peale tükeldatud mandleid.
g) Aseta sarvesaiad küpsetuspaberiga kaetud ahjuplaadile.
h) Küpseta eelkuumutatud ahjus 10-12 minutit või kuni sarvesaiad on kuldpruunid ja krõbedad.
i) Eemaldage ahjust ja laske neil veidi jahtuda.
j) Puista soovi korral tuhksuhkruga.
k) Serveerige neid veetlevaid mini-mandli sarvesaiu maitsva ja pähklise küpsetisena.

69. Roosa roosi ja pistaatsiapähklitega kastetud sarvesaiad

KOOSTISOSAD:
- 1 tass täispiima
- ¾ tassi sooja vett
- 2 (4-½ teelusikatäit) ümbrikku Pärm
- 4 tassi universaalset jahu
- 1 ¼ tassi soolamata võid, külm
- 4 spl suhkrut
- 2 tl meresoola
- 1 muna
- Näputäis soola
- Roosa komm sulab
- 1 tass hakitud pistaatsiapähklid
- 1 tass külmkuivatatud vaarikaid

JUHISED:
KRAISSANDID:
a) Segage vesi ja piim, soojendage temperatuurini 100–110 °F. Valage ¼ tassi väikesesse kaussi ja lahustage pärm, laske 5 minutit seista või kuni vahuni.

b) Segage suures kausis jahu ja ¼ tassi võid kahvli, kondiitritoodete segisti või köögikombaini abil taignarežiimil. Blenderda, kuni segu meenutab riivsaia. Sega juurde suhkur ja sool.

c) Tee jahu keskele süvend ja vala sinna pärm ning ülejäänud piim ja vesi. Sega korralikult taignaks, sõtku kergelt jahusel pinnal ühtlaseks, umbes 6 minutit. Naaske kaussi, katke kilega ja laske 20 minutit puhata.

d) Vooderda kaks ahjuplaati küpsetuspaberiga; neid läheb vaja taigna jahutamiseks.

e) Asetage järelejäänud või kahe vaha- või küpsetuspaberi lehe vahele ja tasandage taignarulliga, kuni see on tasane ja umbes 7" x 7" ruudukujuline, jahutage kuni kasutusvalmis.

f) Tõsta tainas kergelt jahuga ülepuistatud pinnale ja rulli see 10 x 10 tolli ruuduks.

g) Asetage lapik võiruut taigna peale, pööratud rombikujuliseks (või nurgad osutavad taigna sirgetele külgedele) ja voldige taigna lahtised nurgad või peale, et need puutuksid kokku nagu ümbrikuga, näpistades õrnalt. servad kokku. Olge ettevaatlik, et tainas ei kattuks, vaid asetage servad kokku. Jahuta 20 minutit.

h) Alustage taigna rullimist keskelt väljapoole, moodustades 24 tolli pikkuse ja 10 tolli laiuse ristküliku. Püüdke hoida küljed ja nurgad sirged ja kandilised. Voldi kolmeks osaks, pintselda töö käigus ära liigne jahu, tõsta vasak kolmandik keskmise kolmandiku peale, seejärel voldi parem kolmandik virna peale, jääb alles 10″ x 8″ ristkülik. Katke kilega ja jahutage 20 minutit.

i) Pöörake ristkülik horisontaalselt ja rullige see mõõtmeteks 24 x 10 tolli ning voldi see uuesti kolmeks osaks ja jahutage veel 20 minutit.

j) Järgmisena rullige ristkülik suuruseks 24x16", lõigake taigna pikem külg pooleks, nii et teil on kaks 12" x 16" tükki, asetage üksteise peale, joondage lõigatud servad, katke kilega. , ja jahuta 20 minutit külmikus.

k) Rullige iga tükk 20" x 12" suuruseks, lõigake pikuti pooleks, nii et teil oleks kaks tükki pikkusega 20" x 6" laiad, katke kaanega ja jahutage veel 10 minutit.

l) Alustades esimesest tükist, rullige tainas 30 tolli pikkuseks ja 8 tolli laiuseks. Tehke joonlauaga kolmnurgad, mõõtke pikast servast 5-tollised sammud, lõigates iga intervalliga väikese pilu.

m) Tehke sama mööda vastaskülge, alustades sälkudega teiste märkide keskelt, nii et loote oma kolmnurgale punkti. Ühendage pitsalõikuri abil kõik märgid, nii et teil jääb alles 11 kolmnurka ja kaks poolikut, mida saate kokku vajutada, et moodustada teine kolmnurk, kokku 12.

n) Rullige ükshaaval kõik kolmnurgad põhjast kuni tipuni üles, pühkige töö käigus üleliigne jahu. Asetage küpsetusplaadile 3 rida 4 võrdsete vahedega, otstega allapoole ja laske soojas kohas kerkida, kuni see kahekordistub ehk umbes tund. Korrake protsessi teise taignatüki jaoks.

o) Kuumuta ahi temperatuurini 350 °F või küpseta pöördõhuga temperatuuril 325 °F. Klopi muna väikeses kausis lahti näpuotsatäie soolaga, pintselda sarvesaiad munapesuga ja küpseta 20-25 minutit või kuni kuldpruunini.

KASTMINE:

p) Sulata roosad kommid sulavad järgides pakendil olevaid juhiseid.

q) Haki jämedalt 1 tass pistaatsiapähklit ja tõsta kõrvale.

r) Murenda jämedalt 1 tass külmkuivatatud vaarikaid ja tõsta kõrvale.

s) Kasta pool igast sarvesaiast sulanud roosasse kommi ja aseta restile.

t) Puista kastetud poolikutele sarvesaiadele kohe tükeldatud pistaatsiapähklid või purustatud külmkuivatatud vaarikad ja suru need õrnalt märja kommisulati hulka.

u) Korrake kastmist ja piserdamist ülejäänud sarvesaiade jaoks.

v) Laske kommil enne serveerimist umbes 15 minutit taheneda.

70. Lavendli mee sarvesaiad

KOOSTISOSAD:
- Põhiline sarvesaia tainas
- ¼ tassi mett
- 1 spl kuivatatud kulinaarset lavendlit
- 1 muna lahtiklopitud 1 spl veega

JUHISED:
a) Rulli sarvesaia tainas suureks ristkülikuks.
b) Lõika tainas kolmnurkadeks.
c) Sega väikeses kausis mesi ja lavendel.
d) Määri iga sarvesaia alumisele poolele õhuke kiht lavendlimett.
e) Asetage sarvesaia ülemine pool tagasi ja vajutage õrnalt alla.
f) Aseta sarvesaiad vooderdatud ahjuplaadile, määri munapesuga ja lase 1 tund kerkida.
g) Kuumuta ahi temperatuurini 400 °F (200 °C) ja küpseta sarvesaiu 20-25 minutit, kuni need on kuldpruunid.

71. Roosi kroonlehtedega sarvesaiad

KOOSTISOSAD:
- Põhiline sarvesaia tainas
- ¼ tassi kuivatatud roosi kroonlehti
- ¼ tassi suhkrut
- 1 muna lahtiklopitud 1 spl veega

JUHISED:
a) Rulli sarvesaia tainas suureks ristkülikuks.
b) Lõika tainas kolmnurkadeks.
c) Sega kausis kuivatatud roosi kroonlehed ja suhkur.
d) Puista roosi kroonlehtede segu iga sarvesaia alumisele poolele.
e) Asetage sarvesaia ülemine pool tagasi ja vajutage õrnalt alla.
f) Aseta sarvesaiad vooderdatud ahjuplaadile, määri munapesuga ja lase 1 tund kerkida.
g) Kuumuta ahi temperatuurini 400 °F (200 °C) ja küpseta sarvesaiu 20-25 minutit, kuni need on kuldpruunid.

72. Apelsiniõielised sarvesaiad

KOOSTISOSAD:
- Põhiline sarvesaia tainas
- ¼ tassi apelsiniõievett
- ¼ tassi suhkrut
- 1 muna lahtiklopitud 1 spl veega

JUHISED:
a) Rulli sarvesaia tainas suureks ristkülikuks.
b) Lõika tainas kolmnurkadeks.
c) Sega väikeses kausis apelsiniõievesi ja suhkur.
d) Määri õhuke kiht apelsiniõiesegu iga sarvesaia alumisele poolele.
e) Asetage sarvesaia ülemine pool tagasi ja vajutage õrnalt alla.
f) Aseta sarvesaiad vooderdatud ahjuplaadile, määri munapesuga ja lase 1 tund kerkida.
g) Kuumuta ahi temperatuurini 400 °F (200 °C) ja küpseta sarvesaiu 20-25 minutit, kuni need on kuldpruunid.

73. Hibiski sarvesaiad

KOOSTISOSAD:
- Põhiline sarvesaia tainas
- ¼ tassi kuivatatud hibiski lilli
- ¼ tassi suhkrut
- 1 muna lahtiklopitud 1 spl veega

JUHISED:
a) Rulli sarvesaia tainas suureks ristkülikuks.
b) Lõika tainas kolmnurkadeks.
c) Segage segamisnõus kuivatatud hibiskiõied ja suhkur.
d) Puista hibiskisuhkru segu iga sarvesaia alumisele poolele.
e) Asetage sarvesaia ülemine pool tagasi ja vajutage õrnalt alla.
f) Aseta sarvesaiad vooderdatud ahjuplaadile, määri munapesuga ja lase 1 tund kerkida.
g) Kuumuta ahi temperatuurini 400 °F (200 °C) ja küpseta sarvesaiu 20-25 minutit, kuni need on kuldpruunid.

74. Mustika sarvesaiad

KOOSTISOSAD:
- Põhiline sarvesaia tainas
- 1 tass värskeid mustikaid
- ¼ tassi granuleeritud suhkrut
- 1 spl maisitärklist
- 1 muna lahtiklopitud 1 spl veega

JUHISED:
a) Rulli sarvesaia tainas suureks ristkülikuks.
b) Sega väikeses kausis mustikad, suhkur ja maisitärklis.
c) Määri mustikasegu ühtlaselt taigna pinnale.
d) Lõika tainas kolmnurkadeks.
e) Rulli iga kolmnurk sarvesaia kujuliseks.
f) Aseta sarvesaiad vooderdatud ahjuplaadile, määri munapesuga ja lase 1 tund kerkida.
g) Kuumuta ahi temperatuurini 400 °F (200 °C) ja küpseta sarvesaiu 20-25 minutit, kuni need on kuldpruunid.

75. Vaarika sarvesaiad

KOOSTISOSAD:
- Põhiline sarvesaia tainas
- 1 tass värskeid vaarikaid
- ¼ tassi granuleeritud suhkrut
- 1 muna lahtiklopitud 1 spl veega

JUHISED:
a) Rulli sarvesaia tainas suureks ristkülikuks.
b) Lõika tainas kolmnurkadeks.
c) Aseta igale sarvesaiale värsked vaarikad.
d) Puista vaarikate peale granuleeritud suhkur.
e) Rullige iga kolmnurk üles, alustades laiast otsast, ja vormige see poolkuuks.
f) Aseta sarvesaiad vooderdatud ahjuplaadile ja lase 1 tund kerkida.
g) Kuumuta ahi temperatuurini 400 °F (200 °C) ja küpseta sarvesaiu 20-25 minutit, kuni need on kuldpruunid.

76. Virsiku sarvesaiad

KOOSTISOSAD:
- Põhiline sarvesaia tainas
- 2 küpset virsikut, kooritud ja kuubikuteks lõigatud
- ¼ tassi granuleeritud suhkrut
- ½ tl jahvatatud kaneeli
- 1 muna lahtiklopitud 1 spl veega

JUHISED:
a) Rulli sarvesaia tainas suureks ristkülikuks.
b) Sega väikeses kausis kuubikuteks lõigatud virsikud, suhkur ja kaneel.
c) Määri virsiku segu ühtlaselt taigna pinnale.
d) Lõika tainas kolmnurkadeks.
e) Rulli iga kolmnurk sarvesaia kujuliseks.
f) Aseta sarvesaiad vooderdatud ahjuplaadile, määri munapesuga ja lase 1 tund kerkida.
g) Kuumuta ahi temperatuurini 400 °F (200 °C) ja küpseta sarvesaiu 20-25 minutit, kuni need on kuldpruunid.

77.Segamarja-sarvesaiad

KOOSTISOSAD:
- Põhiline sarvesaia tainas
- ½ tassi segatud marju (nagu mustikad, vaarikad ja murakad)
- ¼ tassi granuleeritud suhkrut
- 1 spl maisitärklist
- 1 muna lahtiklopitud 1 spl veega

JUHISED:
a) Rulli sarvesaia tainas suureks ristkülikuks.
b) Sega väikeses kausis omavahel segatud marjad, suhkur ja maisitärklis.
c) Määri marjasegu ühtlaselt taigna pinnale.
d) Lõika tainas kolmnurkadeks.
e) Rulli iga kolmnurk sarvesaia kujuliseks.
f) Aseta sarvesaiad vooderdatud ahjuplaadile, määri munapesuga ja lase 1 tund kerkida.
g) Kuumuta ahi temperatuurini 400 °F (200 °C) ja küpseta sarvesaiu 20-25 minutit, kuni need on kuldpruunid.

78. Jõhvika ja apelsini sarvesaiad

KOOSTISOSAD:
- 1 leht lehttaigna, sulatatud
- ¼ tassi jõhvikakastet
- ¼ tassi apelsinimarmelaadi
- ¼ tassi tükeldatud mandleid
- 1 muna, lahtiklopitud
- Tuhksuhkur, tolmutamiseks

JUHISED:
a) Kuumuta ahi temperatuurini 375 ° F (190 ° C).
b) Rulli lehttainas kergelt jahusel pinnal suureks ristkülikuks. Lõika tainas 4 võrdseks kolmnurgaks.
c) Sega kausis jõhvikakaste, apelsinimarmelaad ja tükeldatud mandlid.
d) Määri supilusikatäis segu iga kolmnurga kõige laiemasse kohta. Rulli sarvesaiad kõige laiemast otsast teraviku poole üles.
e) Aseta sarvesaiad küpsetuspaberiga kaetud ahjuplaadile ja määri pealt lahtiklopitud munaga.
f) Küpseta 15-20 minutit, kuni sarvesaiad on kuldpruunid ja krõbedad.
g) Enne serveerimist puista üle tuhksuhkruga.

79. Ananassi sarvesaiad

KOOSTISOSAD:
- 1 leht lehttaigna, sulatatud
- 1 purk purustatud ananassi, nõrutatud
- ¼ tassi pruuni suhkrut
- ¼ tassi soolata võid, sulatatud
- 1 muna, lahtiklopitud
- Tuhksuhkur, tolmutamiseks

JUHISED:
a) Kuumuta ahi temperatuurini 375 ° F (190 ° C).
b) Rulli lehttainas kergelt jahusel pinnal suureks ristkülikuks. Lõika tainas 4 võrdseks kolmnurgaks.
c) Sega kausis kokku purustatud ananass, pruun suhkur ja sulatatud või.
d) Määri supilusikatäis ananassisegu iga kolmnurga kõige laiemasse kohta. Rulli sarvesaiad kõige laiemast otsast teraviku poole üles.
e) Aseta sarvesaiad küpsetuspaberiga kaetud ahjuplaadile ja määri pealt lahtiklopitud munaga.
f) Küpseta 15-20 minutit, kuni sarvesaiad on kuldpruunid ja krõbedad.
g) Enne serveerimist puista üle tuhksuhkruga.

80. Ploomi sarvesaiad

KOOSTISOSAD:
- 1 leht lehttaigna, sulatatud
- 4-5 ploomi õhukesteks viiludeks
- 2 supilusikatäit mett
- ¼ tassi mandlijahu
- 1 muna, lahtiklopitud
- Tuhksuhkur, tolmutamiseks

JUHISED:
a) Kuumuta ahi temperatuurini 375 ° F (190 ° C).
b) Rulli lehttainas kergelt jahusel pinnal suureks ristkülikuks. Lõika tainas 4 võrdseks kolmnurgaks.
c) Sega kausis omavahel viilutatud ploomid, mesi ja mandlijahu.
d) Määri supilusikatäis ploomisegu iga kolmnurga kõige laiemasse kohta. Rulli sarvesaiad kõige laiemast otsast teraviku poole üles.
e) Aseta sarvesaiad küpsetuspaberiga kaetud ahjuplaadile ja määri pealt lahtiklopitud munaga.
f) Küpseta 15-20 minutit, kuni sarvesaiad on kuldpruunid ja krõbedad.
g) Enne serveerimist puista üle tuhksuhkruga.

81. Banaani Eclair sarvesaiad

KOOSTISOSAD:
- 4 Külmutatud sarvesaiad
- 2 ruutu poolmagusat šokolaadi
- 1 spl Võid
- ¼ tassi sõelutud kondiitri suhkrut
- 1 tl kuuma vett; kuni 2
- 1 tass vaniljepudingut
- 2 keskmist banaani; viilutatud

JUHISED:
a) Lõika külmutatud sarvesaiad pikuti pooleks; lahkuda koos. Kuumuta külmutatud sarvesaiad rasvata küpsetusplaadil eelkuumutatud 325 °F juures. ahjus 9-11 minutit.

b) Sulata šokolaad ja või koos. Sega juurde suhkur ja vesi, et tekiks määritav glasuur.

c) Määri igale sarvesaia alumisele poolele ¼ tassi pudingut. Kõige peale tõsta viilutatud banaanid.

d) Asendage sarvesaia pealsed; nirista peale šokolaadiglasuur.

e) Serveeri.

KOKKID JA MUFFINID

82.Sidrun y Koogisegu tassikoogid

KOOSTISOSAD:
- 1 pakk valge šokolaadi koogi segu
- 1/4 tassi sidruni kohupiima
- 3 spl sidrunimahla
- 3 tl riivitud sidrunikoort
- 3 supilusikatäit tinktuuri
- 1/2 tassi võid, pehmendatud
- 3-1/2 tassi kondiitri suhkrut
- 1/4 tassi seemneteta maasikamoosi
- 2 supilusikatäit 2% piima

JUHISED:
- Vooderda 24 muffinitopsi papervooderdistega.
- Valmistage koogisegu tainas vastavalt pakendi juhistele, vähendades vett 4 supilusikatäit s ja lisades enne taigna segamist sidruni kohupiim, sidrunimahl, sidrunikoor ja tinktuur.
- Täitke ettevalmistatud tassid umbes kahe kolmandiku ulatuses.
- Küpseta ja jahuta koogikesi vastavalt pakendi juhistele.
- Vahusta suures kausis või, kondiitri suhkur, moos ja piim ühtlaseks massiks. Külma jahutatud koogikesed.

83.Šokolaadikaramelli koogikesi

KOOSTISOSAD:
- 1 pakk šokolaadikoogisegu
- 3 supilusikatäit võid
- 24 karamelli
- 3/4 tassi poolmagusaid šokolaaditükke
- 1 tass hakitud kreeka pähkleid
- Täiendavad kreeka pähklid, valikuline

JUHISED:
a) Valmistage koogisegu taigen vastavalt koogikeste pakendi juhistele, kasutades võid.
b) Täida 24 paberiga vooderdatud muffinitopsi kolmandiku võrra; pane ülejäänud tainas kõrvale. Küpseta 350° juures 7-8 minutit või kuni koogipealne tundub tahenenud.
c) Vajutage iga koogi sisse õrnalt karamell; puista peale šokolaaditükid ja kreeka pähklid. Tõsta peale ülejäänud tainas.
d) Küpseta 15-20 minutit kauem või kuni hambaork tuleb puhtana välja.
e) Jahutage 5 minutit, enne kui eemaldate pannidelt restidele, et see täielikult jahtuda.

84. Mudapiruka koogikesi

KOOSTISOSAD:

- 1 18,25-untsise karbiga šokolaadikoogi segu ja karbil nõutavad koostisosad
- 3 supilusikatäit võid
- 1 16-untsi vann šokolaadiglasuuri
- 2 tassi murendatud šokolaadi võileivaküpsiseid
- Kaunistuseks šokolaadisiirup
- 1 8-untsi pakk kummiussi

JUHISED:

a) Valmistage ja küpsetage koogikesi vastavalt koogisegu juhistele. Kasutage võid või õli.
b) Laske koogikestel enne külmutamist täielikult jahtuda.
c) Katke pealt küpsisepuruga ja nirista peale šokolaadisiirup.
d) Poolita kummiussid. Asetage iga lõigatud serv härmatisesse, et luua illusioon mudas libisevast ussist.

85. K ake Mix Kõrvits Muffins

KOOSTISOSAD:
- 1 29-untsi purki kõrvitsapüree
- 1 16,4-untsise karbi šokolaadikoogi segu
- 3 spl õli

JUHISED:
a) Kuumuta ahi vastavalt koogisegu juhistele, kasutades õli.
b) Vooderda muffinivormid paberist küpsetustopsidega.
c) Blenderda kõrvitsapüree koogisegu hulka. Vala muffinivormidesse.
d) Küpseta muffinite koogisegu juhiste järgi.

86.K ake Mix Pralinee koogikesi

KOOSTISOSAD:
- 1 18,25-untsise karbi šokolaadikoogi segu
- 1 tass võipiima
- ¼ tassi õli
- 4 muna
- Karamellijäätise kate
- Kaunistuseks hakitud pekanipähklid
- 72 pralineed

JUHISED:
a) Kuumuta ahi temperatuurini 350 ° F. Vooderda muffinivorm paberist küpsetustopsidega.
b) Kombineeri koogisegu, võipiim, õli ja munad suures segamiskausis ning vahusta madalale kiirusele seatud elektrimikseri abil, kuni moodustub ühtlane taigen. Täida küpsetusnõud poolenisti.
c) Küpseta 15 minutit või kuni pealsed on kuldsed. Eemaldage koogikesed ahjust ja laske neil enne lisandite lisamist täielikult jahtuda.
d) Top koogikesed karamellkattega; puista üle pekanipähklitega ja kaunista 3 pralineega koogi kohta.

87.Piña Colada ja koogikesi

KOOSTISOSAD:
- 1 18,25 untsi karp valge šokolaadi koogi segu
- 1 3,9-untsine karp prantsuse vaniljepudingi kiirsegu
- ¼ tassi õli
- ½ tassi vett
- 2/3 tassi heledat rummi, jagatud
- 4 muna
- 1 14-untsine purk pluss 1 tass purustatud ananassi
- 1 tass magustatud, helvestega kookospähklit
- 1 16-untsi vanilje glasuur
- 1 12-untsi vann piimavaba vahustatud kate
- Kaunistuseks röstitud kookospähkel
- Kokteiliga päikesevarjud

JUHISED:
a) Kuumuta ahi temperatuurini 350 ° F.
b) Sega koogisegu, pudingisegu, õli, vesi ja 1/3 tassi rummi keskmise kiirusega elektrimikseriga. Lisa ükshaaval munad, samal ajal tainast aeglaselt vahustades.
c) Voldi sisse ananassi- ja kookospähklipurk. Vala vormidesse ja küpseta 25 minutit.
d) Glasuuri valmistamiseks segage 1 tass purustatud ananassi 1/3 tassi rummi ja vanilje glasuur kuni paks.
e) Lisa piimavaba vahustatud kate.
f) Külmutage täielikult jahtunud koogikesi ning kaunistage röstitud kookospähkli ja päikesevarjuga.

88.Kirss Cola minikoogid

KOOSTISOSAD:
- 2 muna
- 1 tl vanilli
- 1 18,25 untsi karp valge šokolaadi koogi segu
- ¼ tassi tinktuuri
- 1 ¼ tassi kirsimaitselist koolat
- 1 12-untsi vanni valmis glasuur teie valikul

JUHISED:
a) Kuumuta ahi temperatuurini 350 ° F.
b) Vooderda muffinivorm paberist küpsetustopsidega. Pihustage kergelt keeduspreiga.
c) Sega kausis munad, vanill, koogisegu, tinktuur ja kirsikoola ning sega elektrimikseri abil korralikult läbi.
d) Küpseta 20 minutit.
e) Täiesti lahedad koogikesed

89.Punane sametCupkooks

KOOSTISOSAD:
- 2 munavalget
- 2 tassi punase sametise koogi segu
- 1 tass šokolaadikoogi segu
- ¼ tassi tinktuuri
- 1 12-untsi kott šokolaaditükid
- 1 12-untsine sidruni-laimi soodapurk
- 1 12-untsine vann, mis on valmis määrimiseks hapukoorega

JUHISED:
a) Kuumuta ahi temperatuurini 350 ° F. Vooderda muffinivorm paberist küpsetustopsidega.
b) suures segamiskausis munavalged, mõlemad koogisegud, tinktuur, šokolaaditükid ja sooda. Sega hästi, kuni moodustub ühtlane tainas. Vala tainas küpsetusvormidesse.
c) Küpseta 20 minutit.
d) Laske koogikestel enne külmutamist jahtuda.

90.Õunapiruka koogikesi

KOOSTISOSAD:
- 1 18,25 untsi valge šokolaadi koogi segu
- ¼ tassi vett
- ¼ tassi kookospähklit õli
- 1 muna
- 2 spl valmistatud kõrvitsapiruka maitseainesegu
- 1 15-untsi purki õunakoogi täidis
- 1 12-untsi toorjuustuvanni glasuur

JUHISED:
a) Kuumuta ahi temperatuurini 350 ° F. Vooderda muffinivorm paberist küpsetustopsidega.
b) Sega koogisegu, vesi, kanepi-kookosõli, muna ja vürtsisegu elektrimiksriga ühtlaseks taignaks.
c) Voldi sisse pirukatäidis. Täida küpsetusnõud poolenisti. Küpseta 23 minutit.
d) Enne külmutamist laske koogikestel restil jahtuda.

91.Tugev Hiire koogikesi

KOOSTISOSAD:
- 1 18,25-untsise karbi šokolaadikoogi segu ja karbil olevad koostisosad
- 1/2 tassi õli
- 24 väikest ümmargust šokolaadimündiküpsist, poolitatud
- 1 12,6-untsine kott ümmarguse kommidega kaetud šokolaadi
- Peenikesed musta lagritsa nöörid
- 24 lusikatäit šokolaadijäätist

JUHISED:
a) Kuumuta ahi temperatuurini 375 ° F. Vooderda muffinivorm paberist küpsetustopsidega.
b) Valmista tainas ja küpseta koogikeste koogisegu juhiste järgi, kasutades õli .
c) Eemaldage koogid ahjust ja laske täielikult jahtuda.
d) Eemaldage koogikesed pabertopsidest.
e) Kasutades poolitatud ümmargusi küpsiseid kõrvade jaoks, komme silmade ja nina jaoks ning lagritsat vuntside jaoks, kaunista koogikesi hiirte sarnaseks. Aseta küpsiseplaadile ja külmuta.

BARID JA RUUDUD

92. Malepulgad

KOOSTISOSAD:
- 1 18,25 untsi šokolaadikoogi segu
- ½ tassi võid
- 4 muna
- ½ tassi valget suhkrut
- 1 8-untsi pakend toorjuustu, pehmendatud

JUHISED:
a) Kuumuta ahi temperatuurini 350 ° F.
b) Määri ja jahuga 9" × 13" pann. Kõrvale panema.
c) Sega suures kausis koogisegu, või ja 1 muna, kuni moodustub muretaignataoline segu. Patsuta segu panni põhja.
d) Sega eraldi kausis suhkur, ülejäänud munad ja pehme toorjuust. Laota kooriku peale. Küpseta 40 minutit või kuni see on kergelt pruunistunud.
e) Laske pannil jahtuda, enne kui ribadeks lõikate.

93. Vaarika- ja šokolaaditahvlid

KOOSTISOSAD:
- 1 18,25-untsise karbi šokolaadikoogi segu
- 1/3 tassi aurutatud piima
- 1 ½ tassi sulatatud võid
- 1 tass hakitud pähkleid
- ½ tassi seemneteta vaarikamoosi
- 12 untsi šokolaaditükid

JUHISED:
a) Kuumuta ahi temperatuurini 350 ° F. Määri ja jahu 9" × 13" pann. Kõrvale panema.
b) Kombineerige koogisegu, aurutatud piim, või ja pähklid, et moodustada väga kleepuv ja kleepuv tainas. Vala pool taignast vormi põhja ja küpseta 10 minutit.
c) Vahepeal sulata moos mikrolaineahjus.
d) Eemalda küpsenud koorik ahjust ning kata sulamoosi ja šokolaaditükkidega. Kata ülejäänud koogitainaga ja küpseta 20 minutit.
e) Enne lõikamist jahuta täielikult.

94. KookMix Kirss Bats

KOOSTISOSAD:
- 1 18,25-untsise karbi šokolaadikoogi segu
- 1 15-untsi purki kirsipiruka täidis
- 1 tl mandli ekstrakti
- 1 tl vaniljeekstrakti
- 2 muna
- 1 tass suhkrut
- 7 supilusikatäit võid
- 1/3 tassi täispiima
- 1 12-untsine poolmagus šokolaaditükk

JUHISED:

a) Kuumuta ahi temperatuurini 350 ° F. Pihustage 13" × 9" pannile mittenakkuva pihustiga. Kõrvale panema.

b) Kombineeri koogisegu, pirukatäidis, ekstraktid ja munad suures kausis ning klopi elektrimikseriga ühtlaseks.

c) Valage tainas pannile ja küpsetage temperatuuril 350 °F 25 minutit või kuni see on täielikult hangunud. Eemaldage ahjust.

d) Sega suures kastrulis suhkur, või ja piim. Kuumuta keemiseni. Eemaldage pann tulelt ja lisage šokolaaditükid, segades samal ajal kui need sulavad.

e) Vala šokolaadisegu soojale koogile ja määri katteks. Enne batoonideks lõikamist lase jahtuda ja taheneda.

95.Šokolaadikihiline kook

KOOSTISOSAD:

- 1 18,25-untsise karbiga šokolaadikoogi segu ja karbil nõutavad koostisosad
- 1 6-untsi purki karamellijäätise kate
- 7 untsi s õli
- 1 8-untsi vann piimavaba vahustatud kate, sulatatud
- 8 kompvekitahvlit, tükeldatud või tükkideks purustatud

JUHISED:

a) Valmistage kook ette ja küpsetage 9" × 13" koogi juhiste järgi . Kasutage mähist.
b) Eemaldage kook ahjust ja laske 10 minutit jahtuda, enne kui torkate pika kahvli või vardaga koogi peale augud.
c) Vala koogile karamell ja seejärel kondenspiim, täites kõik augud. Lase koogil seista, kuni see on täielikult jahtunud.
d) Härma vahustatud kattega ja puista üle kommitükkidega. Pane külmkappi

96.Potlucki baarid

KOOSTISOSAD:
- 1 18,25 untsi karp valge šokolaadi koogi segu
- 2 suurt muna
- 1/3 tassi õli
- 1 purk magustatud kondenspiima
- 1 tass poolmagusaid šokolaaditükke
- Kreeka pähklid, maapähklid või kookospähkel maitse järgi
- ¼ tassi võid

JUHISED:
a) Kuumuta ahi temperatuurini 350 ° F. Määri võiga 13" × 9" × 2" ahjuvorm. Tõsta kõrvale.
b) Sega koogisegu, munad ja õli kausis ning klopi ühtlaseks seguks. Suru 2/3 taignast panni põhja.
c) Kombineeri kondenspiim, šokolaaditükid ja või mikrolaineahjus kasutatavas kausis. Mikrolaineahjus 1 minut suure võimsusega. Eemalda ja sega kahvliga ühtlaseks.
d) Vala šokolaadisegu koorikule. Laota šokolaadikihi peale pähklid või kookospähkel. Täpista ülejäänud koogitaignaga.
e) Küpseta 20 minutit või kuni see on kergelt pruunistunud. Lase ahjuvormis jahtuda. Lõika ruutudeks .

97. P ä r i sõrm küpsisebatoonid

KOOSTISOSAD:
- 1 pakk tumeda šokolaadi koogi segu
- 1 pakk (3,9 untsi) lahustuvat šokolaadipudingi segu
- 1/2 tassi 2% piima
- 1/3 tassi rapsi õli
- 1/3 tassi võid, sulatatud
- 2 suurt muna, jagatud kasutusega
- 6 võist sõrmekommibatooni (igaüks 1,9 untsi), jagatud
- 1-1/2 tassi rammusat maapähklivõid
- 1 tl vaniljeekstrakti
- 1-1/2 tassi poolmagusaid šokolaaditükke, jagatud

JUHISED:
a) Kuumuta ahi 350°-ni.
b) Sega suures kausis koogisegu ja pudingisegu.
c) Vahusta teises kausis piim, õli, või ja 1 muna, kuni need segunevad. Lisa kuivainetele; segage lihtsalt kuni niisutamiseni.
d) Suru pool segust määritud 15x10x1-tollisse vormi. küpsetuspann. Küpseta, kuni pealt tundub kuiv, 6-8 minutit.
e) Vahepeal tükelda 2 kompvekitahvlit. Sega maapähklivõi, vanill ja ülejäänud muna ülejäänud koogisegu hulka. Voldi sisse tükeldatud batoonid ja 1 tass šokolaaditükke.
f) Haki veel 3 kommibatooni; puista soojale koorikule ja suru õrnalt alla. Kata koogiseguga; suruge metallspaatliga tugevasti alla.
g) Purustage järelejäänud kommid; puista peale purustatud batoon ja ülejäänud 1/2 tassi šokolaaditükke.
h) Küpseta, kuni keskele torgatud hambaork tuleb puhtana välja, 20-25 minutit.
i) Jahuta restil täielikult maha. Lõika ribadeks. Hoida õhukindlas anumas.

98. Koogikarp Bars

KOOSTISOSAD:
- 2 3,9-untsi pakki šokolaadi kiirpudingi segu
- 4 tassi õli
- 2 18,25 untsi pakki šokolaadikoogisegu ilma pudingita
- 4 tassi šokolaaditükke
- Kaunistuseks kondiitri suhkur

JUHISED:
a) Kuumuta ahi temperatuurini 350 ° F.
b) Määri ja jahu kaks 10" × 15" tarretisvormi panni. Kõrvale panema.
c) Vahusta suures kausis mõlemad karbid pudingisegu ja piim.
d) Voldi mõlemad koogisegu karbid aeglaselt sisse. Voldi sisse šokolaaditükid. Küpseta 35 minutit. Puista üle kondiitri suhkruga.
e) Enne ruutudeks lõikamist lase täielikult jahtuda.
f)

99.Infundeeritud maapähklivõi Ruudud

KOOSTISOSAD:
- ½ tassi võid, pehmendatud
- ¾ tassi maapähklivõid
- 1 18,25 untsi pakend šokolaadikoogisegu
- 4 tosinat šokolaadisuudlust, pakendamata
- Tuhksuhkur

JUHISED:
a) Segage suures kausis või ja maapähklivõi ning segage hästi. Lisa koogisegu; sega, kuni moodustub tainas. Katke ja jahutage 4–6 tundi.
b) Kui olete küpsetamiseks valmis, soojendage ahi temperatuurini 400 ° F.
c) Rulli tainas supilusikate kaupa ümber šokolaadi Kiss; vormi palliks ja aseta küpsetuspaberiga kaetud küpsiseplaadile.
d) Küpseta küpsiseid 8–12 minutit või kuni need on lihtsalt tahkunud.
e) Lase plaadil 3 minutit jahtuda, seejärel tilguta tuhksuhkrusse ja rulli katteks.
f) Lase restidel täielikult jahtuda, seejärel määri jahtunult uuesti tuhksuhkruga.

100.Karamelli pähklibatoonid

KOOSTISOSAD:
- 1 karp šokolaadikoogi segu
- 3 supilusikatäit võid pehmendatud
- 1 muna
- 14 untsi magustatud kondenspiima
- 1 muna
- 1 tl puhast vaniljeekstrakti
- 1/2 tassi peeneks jahvatatud kreeka pähkleid
- 1/2 tassi peeneks jahvatatud iirisetükke

JUHISED:

a) Kuumuta ahi 350-ni.

b) Valmistage ristkülikukujuline koogivorm küpsetuspritsiga ja asetage seejärel kõrvale.

c) Sega koogisegu, või ja üks muna segamisnõus ning sega seejärel murenemiseni.

d) Suru segu ettevalmistatud panni põhjale ja tõsta kõrvale.

e) Teises segamisnõus segage piim, ülejäänud muna, ekstrakt, kreeka pähklid ja iirisetükid.

f) Sega korralikult läbi ja vala pannile põhjale.

g) Küpseta 35 minutit.

KOKKUVÕTE

"Minu väikese koogivormi kokaraamatuga" hüvasti jättes loodame, et olete avastanud rõõmu ja rahulolu, mida küpsetamine teie ellu toob. Alates esimesest ahjust õhkuvast vanillilõhnast kuni hetkeni, mil naudite oma värskelt küpsetatud loomingu viimast puru, on küpsetamine armastuse töö, mis toidab nii keha kui hinge. Küpsetuseseiklusi jätkates pidage meeles, et võtaksite omaks eksperimenteerimise võlu, nautige õnnestumise magusust ja leidke lohutust köögi soojusest.

Kui värskelt küpsetatud maiuste aroom hääbub ja viimane viil maitsestatakse, siis tea, et köögis loodud mälestused jäävad püsima, neid hellitatakse ja hinnatakse. Jagage oma küpsetamisarmastust ümbritsevate inimestega, tähistage eluhetki koogilõigu või hapukoorega ja laske omatehtud maiustuste lihtsal naudingul oma päevi ilmestada. Ja kui olete valmis asuma järgmisele küpsetamise teekonnale, on kohal "Minu väike koogivormi kokaraamat", mis on valmis teid taas inspireerima ja rõõmustama.

Täname, et lubasite meil teie küpsetamise seiklustest osa saada. Olgu teie köök täis naeru, ahi soojust ja süda küpsetamisrõõmu. Kohtumiseni, head küpsetamist ja head isu!

www.ingramcontent.com/pod-product-compliance
Lightning Source LLC
Chambersburg PA
CBHW070657120526
44590CB00013BA/996